U0694618

FDA
药品与生物制品
管理办法指南（二）

主 编 梁 毅

中国医药科技出版社

图书在版编目（CIP）数据

FDA药品与生物制品管理办法指南. 2 / 梁毅主编. —北京：中国医药科技
出版社, 2017.12

（国外食品药品法律法规编译丛书）

ISBN 978-7-5067-9391-9

Ⅰ.①F⋯　Ⅱ.①梁⋯　Ⅲ.①药品管理法 – 美国 – 指南 ②生物制品管理 –
法规 – 美国 – 指南　Ⅳ.①D971.221.6-62

中国版本图书馆CIP数据核字(2017)第148723号

扫描书中二维码，
可阅读英文原版

美术编辑　陈君杞
版式设计　大隐设计

出版　中国医药科技出版社

地址　北京市海淀区文慧园北路甲 22 号

邮编　100082

电话　发行：010-62227427　邮购：010-62236938

网址　www.cmstp.com

规格　710×1000mm $^1/_{16}$

印张　20

字数　234 千字

版次　2018 年 1 月第 1 版

印次　2018 年 1 月第 1 次印刷

印刷　三河市国英印务有限公司

经销　全国各地新华书店

书号　ISBN 978-7-5067-9391-9

定价　58.00 元

国外食品药品法律法规
编译委员会

本书编委会

主　编　梁　毅

副主编　于　泳　李亦兵　余　正　秦　垚　黄　勇
　　　　曹　珣

编　委　（按姓氏笔画排序）

于　泳（东南大学成贤学院）　　杜　爽（中国药科大学）

李　玲（东南大学成贤学院）　　李东昂（中国药科大学）

李年苏（中国药科大学）　　　　李亦兵（中国药科大学）

李依洋（中国药科大学）　　　　杨　凯（中国药科大学）

吴珍妮（中国药科大学）　　　　余　正（中国药科大学）

沈启雯（中国药科大学）　　　　阿蓉娜（中国药科大学）

范琳琳（中国药科大学）　　　　郝莹华（中国药科大学）

胡来凤（中国药科大学）　　　　南秋利（东南大学成贤学院）

施一然（中国药科大学）　　　　秦　垚（中国药科大学）

倪佳佳（中国药科大学）　　　　黄　勇（中国药科大学）

梅　鑫（中国药科大学）　　　　曹　珣（东南大学成贤学院）

梁　毅（中国药科大学）　　　　雕钰惟（中国药科大学）

序

　　食品药品安全问题，既是重大的政治问题，也是重大的民生问题；既是重大的经济问题，也是重大的社会问题。十八大以来，我国坚持以人民为中心的发展思想和"创新、协调、绿色、开放、共享"的五大发展理念，全力推进食品药品监管制度的改革与创新，其力度之大、范围之广、影响之深，前所未有。

　　党的十九大再次强调，全面依法治国是国家治理的一场深刻革命，是中国特色社会主义的本质要求和重要保障。法律是治国之重器，良法是善治之前提。全面加强食品药品安全监管工作，必须坚持立法先行，按照科学立法、民主立法的要求，加快构建理念现代、价值和谐、制度完备、机制健全的现代食品药品安全监管制度。当前，《药品管理法》的修订正在有序有力推进。完善我国食品药品安全管理制度，必须坚持问题导向、坚持改革创新、坚持立足国情、坚持国际视野，以更大的勇气和智慧，充分借鉴国际食品药品安全监管法制建设的有益经验。

　　坚持食品药品安全治理理念创新。理念是人们经过长期的理论思考和实践探索所形成的揭示事物运动规律、启示事物发展方向的哲学基础、根本原则、核心价值等的抽象概括。理念所回答的是"为何治理、为谁治理、怎样治理、靠谁治理"等基本命题，具有基础性、根本性、全局性、方向性。理念决定着事物的发展方向、发展道路、发展动力和发展局面。从国际上看，食品药品安全治理理念主要包括人本治理、风险治理、全程治理、社会治理、责任治理、效能治理、能动治理、专业治理、分类治理、平衡治理、持续治理、递进治理、灵活治理、国际治理、依法治理等基本要素。这些要素的独立与包容在一定程度上反映出不同国家、不同时代、不同阶段食品药品安全治理的普遍规律和特殊需求。完善我国食品药品安全管理法制制度，要坚持科学治理理念，体现时代性、把握规律性、富于创造性。

坚持食品药品安全治理体系创新。为保障和促进公众健康，国际社会普遍建立了科学、统一、权威、高效的食品药品安全监管体制。体制决定体系，体系支撑体制。新世纪以来，为全面提升药品安全治理能力，国际社会更加重视食品药品标准、审评、检验、检查、监测、评价等体系建设，着力强化其科学化、标准化、规范化建设。药品安全治理体系的协同推进和持续改进，强化了食品药品安全风险的全面防控和质量的全面提升。

坚持食品药品安全治理法制创新。新时代，法律不仅具有规范和保障的功能，而且还具有引领和助推的作用。随着全球化、信息化和社会化的发展，新原料、新技术、新工艺、新设备等不断涌现，食品药品开发模式、产业形态、产业链条、生命周期、运营方式等发生许多重大变化，与此相适应，一些新的食品药品安全治理制度应运而生，强化了食品药品安全风险全生命周期控制，提升了食品药品安全治理的能力和水平。

坚持食品药品安全治理机制创新。机制是推动事物有效运行的平台载体或者内在动力。通过激励与约束、褒奖和惩戒、动力和压力、自律和他律的利益杠杆，机制使"纸面上的法律"转化为"行动中的法律"，调动起了各利益相关者的积极性、主动性和创造性。机制的设计往往都有着特定的目标导引，在社会转型期具有较大的运行空间。各利益相关者的条件和期待不同，所依赖的具体机制也有所不同。当前，国际社会普遍建立的食品药品分类治理机制、全程追溯机制、绩效评价机制、信用奖惩机制、社会共治机制、责任追究机制等，推动了食品药品安全治理不断向纵深发展。

坚持食品药品安全治理方式创新。治理方式事关治理的质量、效率、形象、能力和水平。全球化、信息化、社会化已从根本上改变经济和安全格局，传统的国际食品药品安全治理方式正在进行重大调整。互联网、大数据、云计算等正在以前所未有的方式改变着传统的生产、生活方式，而更多的改变正在蓄势待发。信息之于现代治理，犹如货币之于经济，犹如血液之于生命。新时期，以互联网、大数据、云计算等代表的信息化手段正在强力推动食品药品安全治理从传统治理向现代治理方式快速转轨，并迸发出无限的生机与活力。

坚持食品药品安全治理战略创新。战略是有关食品药品安全治理的全局性、长期性、前瞻性和方向性的目标和策略。国家治理战略是以国家的力量组织和落实食品药品安全治理的目标、方针、重点、力量、步骤和措施。食品药品安全治理战略主要包括产业提升战略、科技创新战略、行业自律战略、社会共治战略、标准提高战略、方式创新战略、能力提升战略、国际合作战略等。食品药品管理法律制度应当通过一系列制度安排，强化这些治理战略的落地实施。

坚持食品药品安全治理文化创新。文化是治理的"灵魂"。文化具有传承性、渗透性、持久性等。从全球看，治理文化创新属于治理创新体系中是最为艰难、最具创造、最富智慧的创新。

食品药品安全治理文化创新体系庞大，其核心内容为治理使命、治理愿景、治理价值、治理战略等。使命是组织的核心价值、根本宗旨和行动指针，是组织生命意义的根本定位。使命应当具有独特性、专业性和价值性。今天，国际社会普遍将食品药品安全治理的是使命定位于保障和促进公众健康。从保障公众健康到保障和促进公众健康，这是一个重大的历史进步，进一步彰显着食品药品监管部门的积极、开放、负责、自信精神和情怀。

中国的问题，需要世界的眼光。在我国药品安全监管改革创新的重要历史时期，法制司会同中国健康传媒集团组织来自监管机构、高等院校、企业界的专家、学者、研究人员陆续翻译出版主要国家和地区的食品药品法律法规，该丛书具有系统性、专业性和实用性、及时性的特点，在丛书中，读者可从法条看到国际食品药品治理理念、体系、机制、方式、战略、文化等层面的国际经验，期望能为我国食品药品监管改革和立法提供有益的参考和借鉴。

焦 红

2017 年 12 月

编译说明

当今世界，美国在生物制药产业具有显著优势，研发能力和产业生产质量控制现状领跑全球。美国拥有世界上约一半的有实力的生物制药公司和生物制品专利，美国食品和药品管理局（简称FDA）也是世界领先的药品监管机构。1901年，在美国圣路易斯接种的白喉抗毒素被破伤风疫苗污染，造成13名儿童死亡；同年在美国新泽西州9名儿童接种了受污染的天花疫苗后死于破伤风，因此1902年美国颁布了世界上第一部生物制品法案——《生物制品控制法》（Biologics Control Act）。随后，1938年颁布的《联邦食品药品和化妆品法案》（Federal Food, Drug and Cosmetic Act）和1944年颁布的《公共健康服务法》（Public Health Service Act）都明确了生物制品的监管法规。作为世界最具影响力的监管机构，FDA近些年出台了一系列监管法规、指导性文件以鼓励生物类似药的健康快速发展，降低消费者的用药成本，并加强美国生产厂商参与全球生物制品市场的竞争力，也为相关产品在美国进行有效注册指明方向。我国生物制药产业虽然起步较晚，但发展迅猛，目前正处于转型关键时期。国内很多有实力的企业、组织，甚至个人看到了生物药品的发展前景和潜力，也逐步开始关注和涉及生物医药领域。因此，无论是相关企业还是药品监管部门，有必要学习借鉴FDA的生物制品管理法规，不断提高自身的研发、生产和监管水平，促进我国生物制药行业的健康发展。

根据查阅，FDA的生物制品法规统一收编在《美国联邦法规汇编》(CFR)第21篇（食品与药品篇）第I大章（食品与药品监管）第F小章（生物制品）目录下。FDA为更好地落实生物制品法规，专门发布了配套的行业指南文件，帮助有关生物制品生产企业理解和遵守生物制品法规要求。本书在全面汇总整理FDA生物制品指南的基础上，按照生物制品的种类，分别编译了普通生物制品管理办法指南、过敏原制剂指南、血液制品指南、细胞与基因疗法指南、组织制品指南、疫苗与相关生物制品指南和异种移植指南。为方便阅读，编译中对指南文件结构和内容做了如下调整。

第一，FDA指南文件，体现FDA对某一主题最新的见解，并不具有法律的强制性，除引用了专门法规或法定要求之外，其余仅作建议供行业参考。指南中"应该"（should）一词意指"建议"，而非"强制要求"之意。鉴于上述指南声明具有共性，仅在此特别说明，在编译中从原文删除。

第二，指南的原结构基本保留，根据内容分章节略加整理，不影响内容的完整性和理解。基于篇幅和内容架构的考虑，指南附录均未编译，如有需要，可参考原指南附录。

第三,由于《联邦食品药品和化妆品法案》是（以下简称《法案》）美国国会通过的一系列法案的总称，它赋予FDA监督监管食品安全、药品及化妆品的权力。因此本书若非特殊说明，均简称为《法案》。

第四，由于生物制品涉及的法规均源自《美国联邦法规汇编》第21篇第I大章第F小章，在文中不再重复表述，凡未列明法规出处的均为该章下内容。

第五，本书对原指南的编号方式进行了调整，原指南"I."对应本文中"一、",原指南"A."对应本文中"（一）",原指南"1."

对应本文中"1.",原指南"a."对应本文中"（1）",原指南"i."对应本文中"1）"。为表达简洁,原指南正文中的参考段落编号形式均未调整,例如原指南和本书中参考 IV.B,即参考第四部分第（二）点内容。

据了解,到目前为止,国内尚没有对美国生物制品指南进行全面翻译的出版物,但是,随着生物医药产业的发展,关注美国生物制品监管法律法规包括指南的专业人士会越来越多,相关翻译出版物业会越来越多,相信也会出现相关出版物术语杂乱表达各异,影响读者理解,因此有必要推出规范化的美国生物制品指南系列汇编,为生物制品研发、生产行业、监管部门和监管人员提供规范化的参考资料,加深生物医药行业和监管单位对生物制品监管政策的正确理解,加速与国际惯例接轨与国际化协调,促进我国生物医药行业的现代化和国际化进程。

翻译中术语以及专业名词以全国自然科学名词审定委员会公布的名词以及相关法律法规使用的术语为准。药物名称以 2015 年版《中华人民共和国药典》、2015 年版《中华人民共和国药典临床用药须知》和现行版《中国药品通用名称》为准。本书涉及生物医药领域较新、较广,因译者团队能力所限,有疏漏和不足之处,希望业内专家指正,以便我们进行不断改进。

目录

FDA

第五章
临床指南

第一节 | 向机构审查委员会报告不良事件——提升人类受试者保护

Adverse Event Reporting to IRBs—
Improving Human Subject Protection

一、简介

本指南旨在帮助研究机构理解向机构审查委员会（IRB）提交的，包括某些不良事件报告等的非预期问题报告的要求，这些要求分列在 21 CFR 第 56 部分（IRB）、第 312 部分（IND）和第 812 部分（IDE）。本指南尤其能够向进行新药临床研究申请（IND）的申请人和研究者提供建议，以帮助他们辨别哪些不良事件是非预期事件且必须向 IRB 报告。同时，本指南也给出了如何有效地与 IRB 就不良事件进行沟通的建议。

美国食品药品监督管理局（FDA）提出了本指南，回答了 IRB 以及 2005 年 3 月举办的公众听证会上提出的问题，提交给 IRB 的缺乏场景和细节的单个不良事件报告的数量并没有增加，没有起到 IRB 保护人类受试者的作用。

FDA 法规提到不良事件时会使用不同的术语。例如，21 CFR 312.64 中使用 adverse effect；312.32 中使用 adverse experience；

312.66 中使用 unanticipated problems。本指南中除非引用特定的法规，否则统一使用 adverse event。对于医疗器械的研究，第 812 部分使用了术语 unanticipated adverse device effect，这一术语在 21 CFR812.3 中定义。

二、背景

FDA 依照 FD&C Act 的 505(i) 部分(药品和生物制品)以及 520(g) 部分（医疗器械）进行临床研究管理。依照 21 CFR50 部分（人类受试者保护）、56 部分（IRB）和 312 部分（INDA）或 812 部分（IDE）的规定，所有临床研究在开始前都必须通过 IRB 审核。初次审核批准后，IRB 必须针对风险程度随时对临床研究持续地进行考察，每年不得少于一次。不论是初次审核还是后续审核，主要目的都是"确保人类受试者的权利和福利得到保护"。为了履行临床研究过程中的义务，IRB 必须掌握试验中对人类受试者有风险的非预期事件的信息，包括被认为是非预期事件的不良事件（AEs）。

●对于在 IND 申请下进行的药品和生物制品的临床研究，不良事件信息必须在研究机构、申请人与 IRB 之间得到沟通。

●要求研究机构向申请人迅速报告任何可能的药品不良反应。如果不良反应十分紧急，研究机构应立即汇报不良反应。申请人需要将与药品使用相关的严重、非预期的不良反应以及在动物试验中表明对人类受试者有显著风险的发现，通过书面 IND 安全报告通知所有参研的研究机构（和 FDA）。同时要求申请人继续向研究机构提供最新的发现或观察结果，特别是关于不良反应和安全使用方面的。

●研究机构需要向申请人及时报告涉及人类受试者或第三者风险的所有非预期事件，包括被视作不良事件的非预期事件。

在第 312 部分下进行临床研究的一个关键问题是何种不良事件应视作为非预期事件并需要向 IRB 汇报。自 IRB 和 IND 法规发布以后，临床试验实施方式的改变（例如多中心研究和国际试验的增加）使法规中描述的不良事件信息报告的途径复杂化。尤其是地方研究机构将单独且未经分析的事件汇报给 IRB，导致大量的报告都是无效信息，包括从多中心研究的申请方收集的报告，其往往只包含有限的信息而并没有对非预期事件的阐述。IRB 表示：研究机构和申请人常常将法规的要求理解成需要向 IRB 汇报所有非预期事件，包括那些与不良事件无关的信息，这反而阻碍了 IRB 保证人类受试者得到保护的能力。本指南旨在帮助辨别那些视为非预期事件的不良事件（应向 IRB 汇报），进而能减轻 IRB 的压力，使得收到的不良事件信息更加有效。

三、向 IRB 报告 IND 监管下药品和生物制品临床试验中的不良事件（AE）

（一）如何确定不良事件为非预期事件并需要上报

一般来说，在研究进行中观察到的不良事件，当且仅当在非预期、严重的且对实验的进行产生影响时才被视为非预期事件，其会给人类受试者带来风险。个别的不良事件通常并不满足这些标准，因为仅单一事件对研究的影响是无法评判的。

许多不良事件通常都在其被确认为对人类受试者有风险的非预期事件前，需要对其研究的相关性和显著性进行评估，包括对其他相同（或类似）事件的共同分析。例如，与实验介入治疗的潜在疾病进程相关（如癌症试验中的死亡），或研究人群中通常出现的独立于药物治疗（如老年群体中出现心血管疾病）的一系列不良事件，对其进行共同分析，可能会发现药物治疗组的不良事件发生率比对照组高。在这种情况下，不良事件被视为非预期事件。

对于一般规则，还存在一个主要例外，即单个不良事件十分严重却没有上报，该不良事件较为罕见且与药物治疗紧密相关，如血管性水肿、粒细胞减少、过敏反应、肝损伤 Stevrns Johnson 综合征。大多数情况下，单独非预期的此类事件会被视为非预期事件，其会给人类受试者带来风险，应向 IRB 报告。同样，少数不与药物治疗相关而是在研究人群中罕见的严重事件（如腱断裂、进行性多灶性白质脑病）也应被视为非预期事件，其同样会给人类受试者带来风险。

由于在研究者手册上列出的不良事件之前已进行过观察，所以其可以不视为非预期事件。当然也可能存在例外，如事件的特殊性与严重性与研究者手册上的描述不一致，或者监测到的发生率较临床试验中预期不良事件出现频率高。

因此，FDA 建议对不良事件是否作为非预期事件且向 IRB 报告需要谨慎的考虑。通常，FDA 认为仅有下列不良事件才被视为必须向 IRB 报告的非预期事件。

●单个发生的严重、非预期事件，且通常与药物治疗紧密相关（例如血管性水肿、粒细胞减少、肝损伤或 Stevrns Johnson 综合征）。

●单个发生或常常少量发生的严重、非预期事件，且通常与药物治疗无关，但在研究人群中较为罕见（例如腱断裂、进行性多灶性白质脑病）。

●经常发生的不良事件基于共同分析后，常会被视为非预期事件。频发的不良事件往往暗示着其并非孤立的事件，反而隐藏着对人类受试者的风险（例如通过对比表明治疗组的发生率比对照组高）。建议报告中附上支持该项证明的摘要和分析。

●已在研究机构手册、协议或知情同意文件上列出的不良事件，但其发生的特殊性或严重性与先前的观察不一致。例如，研究者手册中列出转氨酶升高一项，但在实验对象上观察到了肝坏死，这就需要视为可能给人类受试者带来风险的非预期事件。建议报告中附上与预期特殊性与严重性不同的讨论。

●已在研究者手册、协议或知情同意文件上列出的严重不良事件，但其在研究中的发生频率较预期临床有显著的增加（通常，只有用可信的基线作比较才需要报告）。建议报告中附上与预期频率不同的讨论。

●任何其他不良事件或安全发现（如基于动物或流行病学数据），需要申请者修改研究者手册、研究协议或知情同意文件；或者由IRB采取其他行动对人类受试者进行保护。建议报告中附上有关结论的解释。

（二）如何向 IRB 报告非预期事件

在多中心研究中，单一研究机构需要向申请人索取发生在其他研究中心的不良事件，申请人需要从所有的研究中心收集不良事件信息，这往往能够获取比单中心研究更多的典型经验。因此，申请人可以很好的处理和分析那些从多个研究点收集到的重要不良事件；同时，当需要从多中心研究获取数据或从单个研究机构不易获得相关信息时（例如支持申报的临床前数据），申请人也能够更好的判断不良事件是否可以看作非预期事件。再者，法规也要求 IND 申请人及时审核与药品安全相关的所有信息，并结合其他报告评估其重要性。

针对在 21CFR312 部分规定下进行的研究，研究机构需要向 IRB 报告所有的非预期事件。然而，如上文所讨论的，对于多中心研究，申请人可以很好的处理和分析那些从多个研究点收集到的不良事件，同时也能够对某个不良事件是否作为非预期事件来进行评估。因此，为了履行研究机构通知 IRB 有关非预期事件的义务，参与多中心研究的研究机构可能要根据申请人的评估向 IRB 提供一份非预期事件报告。此外，如果研究机构已知申请人直接向 IRB 报告了非预期事件，那么 FDA 将自己进行裁量定夺且不希望研究机构向 IRB 提供一份与申请人相同的复印件。

四、向 IRB 报告 IDE 监管下药品和生物制品临床试验中的不良事件（AE）

IDE 法规将非预期器械不良事件（UADE）定义为：由器械导致的、或与器械相关的，任何对健康或安全产生严重不良反应或危害生命以及导致死亡的事件 [该不良反应、事件或致死在性质、严重或发生程度上没有在起始研究计划或申请（包括补充计划或申请）中予以体现]；或者其他任何关系到受试者权利、安全、福利的医疗器械非预期严重事件。UADE 必须由临床研究机构向申请人和 IRB 报告以下内容。

● 对于器械临床研究，研究机构需要向申请人和 IRB 尽快提交一份报告，不得超过首次得知该事件后的 10 个工作日。

●申请人需立即对 UADE 进行评价，同时将评估结果在首次得知不良事件后的 10 个工作日内上报 FDA、IRB 以及参与的研究机构。因此，针对 IND 监管的非预期事件，IDE 法规要求申请人向 IRB 提交符合如上建议的报告。

五、结论

收到大量单个的、没有临床试验分析意义的不良事件报告无法使 IRB 就人类受试者保护采取行动。申请人可以迅速评估不良事件报告的影响和意义，同时向研究机构和 FDA 提供严重的、非预期的与药物或医疗器械使用相关的事件，并且对其进行分析。此外，申请人还需向 IRB 报告不良医疗器械事件。FDA 希望通过研究机构和申请人的努力，确保 IRB 收到有意义的不良事件信息。最终目标是向 IRB 提供更有意义的信息，特别是申请人对其的分析（包括不良事件临床意义的分析和先前类似事件的讨论）。

第二节 | 抗肿瘤药物和生物制品临床试验终点的指导原则

Clinical Trial Endpoints for the Approval of Cancer Drugs and Biologics

一、简介

本指南给申请人就向 FDA 提交肿瘤临床试验终点方面提供建议，以支持其满足新药上市申请（NDAs）、生物制品上市许可申请（BLAs）或补充申请时的有效性评价要求。同时本指南也提供了背景信息，讨论了一般性法规原则。其中讨论了用于治疗癌症患者的药物终点。本指南就用于预防或降低癌症发生率药物的终点不进行讨论。

FDA 通过公开的专题讨论会及在 FDA 肿瘤药物咨询委员会（ODAC）之前进行讨论等程序，制定了肿瘤终点指导原则。随后的每一个指导文件将集中讨论一种特定癌症类型（如肺癌和结肠癌）的终点，以支持药物的上市申请或标签内容。

二、背景

临床研究终点服务于不同的研究目的。在传统的肿瘤药物研发中，早期的临床试验用以评价安全性以及炎症药物的生物活性，如肿瘤缩小。后期的有效性研究通常对药物所提供的临床效益进行评价，例如生存期延长或症状改善等。以下章节将讨论一般性法规要求的有效性以及抗癌药物审批过程终点的选择会产生什么影响。后面的章节详细描述了这些终点，并讨论了在不同的临床试验中，它们是否可以作为病情发展或临床获益的测量指标。

（一）关于有效性的法规要求

对新药有效性的要求是以《联邦食品药品和化妆品法》1962 年修正案为基础的。该法案要求提供可靠证据证明药物的有效性，而且规定这些证据必须来自合适且具有良好对照的临床研究。同样《公众健康服务法》也要求生物制品必须符合安全、纯度和效价的要求。以往用于支持药物批准的临床获益包括重要的临床结果（如生存期延长和症状改善）以及对已确立的替代终点（如血压和血清胆固醇）的影响。

1992 年公布的加速审批法令（美国联邦法规第 21 卷第 314 部分 H 分部，以及美国联邦法规第 21 卷第 601 部分 E 分部）规定，用于治疗严重或威胁生命的疾病、对现有治疗有所改进或填补某种疾病治疗空白的药物或生物制剂，其审批可以采用其他终点。据此，FDA 可能同意采用能够合理预测临床获益（基于流行病学、治疗学、病理生理学或其他证据）的替代终点批准药物的申请。这些替代终点不同于常规使用的经过充分验证的替代终点（如心血管疾病中的血压或胆固醇）。如果药厂通过统一进行的临床试验来证实或体现药物的实际临床获益，则此药物可以通过加速审批法令审批上市。如果上市后研究不能证明其临床获益，或者申请者在必要的研究中存在差错，则需要通过快速程序将药物撤市。在下文的讨论中，"常规审批"指在证明临床获益的基础上而进行传统耗时较长的药品审批途径。而"加速审批"则与之不同，指使用能够合理预测临床获益的替代终点而进行的快捷审批途径。

包括临床试验最佳数量在内的支持药物审批的关键证据，在 FDA 批准已上市的用于新的肿瘤治疗药品行业指南以及 1997 年的 FDA 现代化法中进行了讨论。大多数情况下，FDA 建议至少有两个充分的、具有良好对照的临床试验。某些情况下，单个临床试验提供的证据也可以（例如：一个多中心研究已提供高度可信、有效且论据充分的统计，以及重要的临床获益证据，如对生存期的影响，那么从实践和伦理学的角度来看，则无法经第二个临床试验对结果进行验证）。如果药品已批准用于某一恶性肿瘤的某个特定治疗期，那么在对此类肿瘤进行分期治疗时，一个临床试验的数据就足以对其有效性进行补充说明。

三、关于临床试验终点的一般性考虑

本部分回顾了抗肿瘤药物研发中的一般性问题。对常用的抗肿瘤药物临床试验终点进行了探讨，并对采用这些终点的肿瘤临床试验设计中的相关问题进行了讨论。本部分中将讨论的临床试验终点包括总生存期（overall survival ,OS）、基于肿瘤测量的终点如无病生存期（disease — free survival ,DFS）、客观缓解率（objective response rate, ORR）、完全缓解（complete response, CR）、疾病进展时间（time to progression ,TTP）、无进展生存期（progression-free survival ,PFS）和基于症状评价的终点。抗肿瘤药物审批所用的重要临床试验终点比较见表 5-1。

表 5-1 抗肿瘤药物审批所用重要临床试验终点的比较

终点	研究设计	优点	缺点
总生存期（OS）	需随机研究 盲法不是必须的	广为接受的临床获益直接衡量方法 易于测量 可精确测量	可能需要大型研究 易受交叉治疗和后续治疗的影响 包括非癌症死亡
症状终点	随机盲法研究	患者临床获益的直接感受	盲法通常难以进行 数据缺失和不完整情况较普遍 小变化的临床意义不清楚 多元分析 缺乏经过验证的测量工具
无病生存期（DFS）	需随机研究 首选盲法研究 推荐进行盲态审查	与生存研究相比所需的病例少且所需的随访时间短	并非所有情况在统计学上都是有效的生存替代指标 非精确测量，受试者的评价存在偏倚，特别是在开放性研究中 不同研究存在不同定义
客观缓解率（ORR）	可用单臂或随机研究 比较性研究中首选盲法 推荐进行盲态审查	可在单臂研究中评价 与生存研究相比，可较早并且在研究规模较小的研究中评价 有效性归因于药物，而非疾病的自然进程	不是临床获益的直接测量 不是对药物活性的综合测量 受益仅局限于患者亚组
完全缓解（CR）	可用于单臂或随机研究 比较性研究中首选盲法 推荐进行盲态审查	可在单臂研究中评价 持续完全缓解可表明临床获益 与生存研究相比，可在研究规模较小的研究早期时评价	并非全部病例获益的直接测量 不是对药物活性的综合测量 受益仅局限于患者亚组
无进展生存期（PFS，包括全部死亡病例），或疾病进展时间（TTP，进展之前发生死亡病例被"删失（censor-ed）"）	随机研究 首选盲法 推荐进行盲态审查	与生存研究相比所需的病例少且所需的随访时间短 包括对稳定疾病的测定 不受交叉治疗和后续治疗的影响 通常基于客观、定量评估	并非所有情况在统计学上都是有效的生存替代指标 非精确测量，受试者的评价存在偏倚，特别是在开放性研究中 在不同研究中存在不同定义 需频繁进行影像学和其他评估 包括各治疗组之间评估的时间平衡

（一）总生存期

总生存期定义为从随机化开始到因各种原因导致患者死亡的时间，且是按意向治疗人群（ITT）计算。这个终点精确可测，并有死亡日期提供依据。在终点评估时不会出现偏倚。生存期是迄今为止评价抗肿瘤药物最可靠的临床试验终点，当研究能充分评价生存期时，它通常是首选终点。

总生存期应在随机对照研究中予以评价。对于这类时间依赖性终点（例如 OS、PFS）的历史研究数据可信度较低。历史研究中的对照组和当前治疗组间除使用的药物治疗不同外，还包括病例选择、影像技术和治疗技术改善等其他因素的差异，这都将导致结果出现显著差别。随机化研究通过进行直接结果的比较，将这些差别最小化。如果药物的毒性在可接受范围内，则总生存期的显著改善便可视为是具有临床意义的，通常其能够支持新药的上市审批。

大型试验的随访期较长以及后续的抗肿瘤治疗导致生存期分析的混淆是生存期研究实施和分析中存在的困难。

（二）基于肿瘤测量的临床试验终点

本部分将对几种基于肿瘤测量的临床试验终点进行讨论。这些终点包括无病生存期（DFS）、客观缓解率（ORR）、疾病进展时间（TTP）、无进展生存期（PFS）和治疗失败时间（TTF）。所有时间依赖性终点数据的收集和处理均基于间接的评价、计算或估计（如肿瘤的测量）。

当选择基于肿瘤测量的临床试验终点时，应针对该终点在抗肿瘤药物临床获益评价中的不确定性和偏倚进行评估。在不同的肿瘤试验中，研究者对肿瘤测量的精密性相差甚远。此外，如果肿瘤不存在明确的界限（例如恶性间皮瘤、胰腺癌和脑瘤），那么使用肿瘤测量方法获得的缓解率可能是不精确的。药物申请上市时，如果采用基于肿瘤测量的临床试验终点作为其有效性评价的唯一证据，那么通常需要提供第二组试验的数据予以说明。

如果主要研究终点的选择基于肿瘤测量终点指标（如 PFS 或 ORR），通常应由研究治疗中处于盲态的独立终点审查委员对其终点指标进行评价。如果试验本身未设盲时，这种由独立的第三方进行的盲态下的测量特别重要。FDA 可能会抽检部分资料来核实独立终点审查委员会的审阅程序。当随机研究采用盲法（除非发生不良事件使得研究实际上已被揭盲），或在大型随机研究中其效应量较为稳定，并且敏感性分析未发现观察者的偏倚（尤其是针对 DFS），那么基于肿瘤测量的终点指标评价（尤其是 PFS 或 DFS）可无需进行集中独立审核。

1. 无病生存期

无病生存期（DFS）通常定义为患者从随机分组开始，到其肿瘤复发或由其他原因引起死亡的这段时间。该终点最常用于彻底手术或放疗后的辅助治疗的研究。如果某些疾病（如血液肿瘤）在大部分患者化疗后能够完全缓解，则 DFS 也可以作为一个重要终点。尽管在大多数辅助治疗的情况下，总生存期仍是一个传统的终点指标，但当生存期延长而使得选择生存期作为临床试验终点显得不现实时，DFS 可以作为一个重要的终点指标。目前 DFS 已经成为乳腺癌辅助性激素治疗、结肠癌辅助治疗以及乳腺癌辅助性细胞毒治疗的主要审批基础。无病生存期可以是临床获益的替代终点，也可以为临床获益提供直接证据。这一决定取决于疗效的大小、风险－效益的关系以及疾病的情况。

如果将 DFS 作为可能终点，则需要着重考虑预期疗效和已经证明的标准治疗方法的收益。试验方案应详细说明 DFS 的定义以及随访研究和时间的安排。许多原因都会导致计划外评价，因此各试验组之间计划外评价的频率、时间和原因存在差异，而这些差异可能会导致偏倚。必要时可采取研究者和患者双盲的操作，使这种潜在的偏倚最小化。可以通过对随访期间事件发生的总数（不管事件发生的时间）进行比较分析，从而评估由于计划外评价而产生的可能偏倚的影响。

无病生存期的定义可能比较复杂，尤其是当死亡已发生而却没有预先对肿瘤演变情况进行记录时。这些事件可记录为疾病复发或视为审查事件。尽管所有关于死亡的统计分析方法均有一定的局限性，但将所有致死原因均归结于疾病复发则可以将偏倚降至最低。这种定义的局限性在于高估了 DFS，尤其是对于长期失访后死亡的患者。如果在各研究组中，由于长期随访的频率不一致或因药物毒性而故意去终止，这将会产生偏倚。某些分析将与肿瘤相关的死亡认为是 DFS 事件，并删去了非癌症死亡病例，这种方法可能在判断死亡原因时产生偏倚。另外，任何删失患者的方法（无论是针对死亡还是末次随访）表明删失患者与未删失患者都具有相同的复发风险。

2. 客观缓解率

客观缓解率（ORR）是指肿瘤缩小达到预定值并且保持一定时间的患者比例。缓解期通常是指从开始出现疗效直至证实出现肿瘤演变的这段时间。FDA 一般定义客观缓解率为完全缓解与部分缓解之和。采用这种定义后，客观缓解率是一种直接衡量药物抗肿瘤活性的指标，可以在单臂试验中进行评价。疾病稳定不是客观缓解率的组成部分。疾病稳定可以反映疾病的自然进程，而肿瘤缩小则是直接疗效。同样，疾病稳定可通过 TTP 或 PFS 分析进行更精确的评价。必要时可采用标准化指标以确定其疗效，如

RECIST 标准。缓解标准应在试验开始前的方案中定义。客观缓解率的评估包括缓解程度、缓解持续时间以及完全缓解率（肿瘤检测未能发现）。

3. 疾病进展时间和无进展生存期

疾病进展时间（TTP）和无进展生存期（PFS）视为药品审批的初始终点。TTP 定义为从随机分组开始至出现肿瘤客观演变的时间；TTP 不包括死亡。PFS 定义为从随机分组开始至出现肿瘤客观演变或死亡的时间。关于肿瘤演变的明确定义非常重要，应在方案中进行详细描述。

（1）TTP 和 PFS

与 TTP 相比，PFS 是更常选用的替代终点。因为 PFS 包括死亡，其能够更好地反映受试药物的毒副作用，因此与总生存期有更好的相关性。在 TTP 的分析中，无论在死亡时还是在相对较早的随访期间，死亡病例均存在删失（试验中故意去终止）现象。而 PFS 可假设患者的死亡与肿瘤演变有未知的联系。然而，当大多数死亡与癌症无关时，TTP 也可作为合适的终点指标。

（2）PFS 作为支持药物审批的终点

表 5-1 列出了用 PFS 作为支持抗癌药物审批终点的优点和缺点。PFS 既能够反映肿瘤的生长，又可在生存益处确认前进行评价，且不会受到后续治疗的混淆。至于预期样本量，PFS 受到的影响大于总生存期受到的影响。然而对于许多不同种类的恶性肿瘤来说，正式以 PFS 作为总生存期的替代终点比较困难，通常没有足够的数据对生存期和 PFS 的相关性进行评价。抗肿瘤药物临床试

验规模通常较小，已有药物的生存收益通常比较小。在不同的抗肿瘤治疗试验中，用于支持审批的 PFS 终点所起的作用是不同的。无进展生存期的延长能否直接代表临床收益或仅是临床收益的替代终点，取决于这种新治疗方法的疗效大小以及与现有治疗相比的风险 - 效益比。

（3）PFS 试验设计问题

在试验方案和统计分析计划（SAP）中应详细描述评价、测量和分析 PFS 的方法学。同样，在试验方案中仔细对肿瘤进展标准进行定义也很重要。现在还没有法定标准对肿瘤进展作出定义，申请人需要使用不同的标准，包括 RECIST 标准。除了公认的 PFS 标准中列出的大纲，试验方案和统计分析计划也应增加其他细节。在两个试验组中，随访和影像学评价必须相互均衡，以避免系统偏倚。研究应尽量采用盲法。如果将患者或研究者评价作为演变终点的一个因素，则设盲显得尤其重要。其至少应由盲态独立裁定小组（independent adjudication team，一般包括影像学家和临床医师）进行评价。FDA 和申请人应在以下方面提前达成一致意见：

- 研究设计；
- 疾病进展的定义；
- 记录在 CRF 表上的数据；
- 统计分析计划（SAP）；
- 缺失数据的处理办法和数据删失办法；
- 如适用，独立终点审核委员会（IRC）的操作规程。

（4）PFS 的分析

由于有数据缺失等现象，PFS 分析变得比较困难。试验方案中应针对每位患者对"一个充分的评价随访（即，在此次随访中完成了所有既定的肿瘤评价）"给予定义。分析计划应总结比较各治疗组的随访充分性。方案应详细说明如何分析不完整和／或缺失的随访数据，以及数据删失的方法。分析计划应明确说明主要分析，以及一个或多个敏感性分析，用来评价结果的可靠性。虽然所有含缺失数据的分析都存在一定问题，但只要敏感性分析和主要分析都能支持结论，那么结果就是正确的。评价中应包括长期失访患者的死亡人数。这类死亡会高估随访较少组的 PFS，进而导致 PFS 的测定产生偏倚。

由于可以从多时间、多途径获得病情进展数据（包含计划外随访的身体检查和各种类型的影像学扫描），因此每次对随访收集数据要在随访前后固定较短时间内进行评价。如果收集数据时间较长，则难以确定事件和删失日期。建议：如果之前不存在缺失的评价，则将最早观察到的病情进展时间定为进展日期，并将确定无病情演变的末次影像学评价日期定为截止日期。建议在Ⅱ期临床试验结束后与 FDA 就 PFS 数据的收集和分析计划进行讨论，并在专门的方案评估时进行核实。

4. 治疗失败时间

治疗失败时间（TTF）是一个复合的终点指标，即从随机化开始到由其他任何原因（包括疾病进展、治疗毒性和死亡）导致治疗终止的时间。一个合理的支持审批的终点指标应当能清楚地将有效性和药物毒性、患者或医师戒断以及患者不耐受区分开。

（三）基于症状评价的临床试验终点

症状和体征的改善通常被认为是临床治疗效果收益，如体重的增加、疼痛的减轻或止痛药用量减少等。主要可用于对盲法、多数患者有症状、无有效治疗药物和较少影像评估的试验的疗效评价。在非盲法试验中，容易受到主观因素的影响而导致结果偏倚。当以症状和体征的改善作为支持抗肿瘤药物审批的主要终点时，应当能够对肿瘤相关症状的改善还是药物毒性的减小或缺失予以区分。

患者自评结果（patient reported outcome ,PRO）是直接来自患者而非临床医师或其他人的关于其健康状况的报告，可作为反映疗效收益的合适评价方法。但有一定局限性，研究者和受试者报告可能存在很大差别，问卷信息收集的时间会对其产生影响，语言因素也会导致其不能被准确评估。生活质量评分（Quality of Life,,QOL）也可以用来评估与健康相关的生活质量。但应当注意，以QOL来衡量药物的结果可能只能说明某种药物相对其他药物来说毒性较小，但并非具有更好的有效性。

设计合适详细的评估量表是准确评估药物作用的基础，不应只提供"出现或未出现"这样的数据。用于抗肿瘤药物临床试验效果评价的量表必须有学术界认可的可信度和效价分析。量表中各项目的评价应尽可能采用定量或等级的方式来反映观察到的变化程度，应尽可能避免采用"是或否""出现或未出现"这样的二分类数据。

由于毒性或肿瘤演变而终止对受试者的评价，从而导致数据的丢失，这种情况在抗肿瘤药物临床试验中较为常见。数据的丢失会给评价带来困难。因此，试验方案中应有相应的措施能尽可能避免或减少数据的缺失。

1. 特定症状终点

与"疾病进展时间（TTP）"相似，"癌症症状演变时间（time to progression of cancer symptoms）"是临床效益的直接测量指标而非替代终点。如上文所述，疾病进展测量中存在的问题（例如评估缺失）同样存在于"症状进展时间"的评估中。在非盲的试验中可能导致评价偏倚。其次，肿瘤形成到肿瘤恶化需要一段时间。在达到症状终点前，往往对治疗进行调整，从而混淆了分析结果。此外，许多抗肿瘤药物的试验选样为肿瘤病症很轻的患者，其往往很难将肿瘤相关症状和药物毒性区分。

复合症状终点中的某一症状指标应当具有类似的临床重要意义，其结果不应当只归因于一个指标。例如，针对基于复合终点的批准用于治疗肿瘤骨转移患者的药物，与骨骼相关的事件被定义为病理性骨折、骨放射治疗、骨外科手术和脊髓压迫。

选择恰当的研究人群是证明其在症状方面有效益的关键。在研究起始时就有病的患者，可利用症状缓解的不同程度来进行分析评价；无症状的患者，应分析其"首次发生症状的时间"。即使患者终止使用研究药物或开始使用另一种新药，如果随访持续到症状的首次出现，则仍可评价症状的进展。

2. 症状数据面临的问题

数据缺失以及评价不充分可能使症状数据的评价更复杂，特别是对于开放性研究而言。因药物毒性或肿瘤恶化而终止研究是数据丢失的一个主要原因。理论上，当患者停止治疗时也应继续收集可供分析的信息。基于多样性考虑，应进行多种症状的前瞻性数据收集，同时需要在 SAP 中详细说明必要的统计学修正。

（四）生物标志物（Biomarker）

尽管目前许多生物标志物已经作为临床上观察肿瘤反应和演变的监测指标，比如 CA-125 用于卵巢癌，PSA 用于前列腺癌的观察，血液和尿液中异常蛋白水平用于骨髓瘤缓解评价，但尚需要做进一步的研究来证实现有测试方法的可靠性，并确定生物标志物的改善是否能用来预测临床效益。因此，目前生物标志物不能单独作为上市批准的依据，但 FDA 接受以肿瘤标志物作为复合终点的一个指标。例如在卵巢癌患者中，伴随 CA-125 上升的某些特定临床事件（如体力状况明显下降或肠梗阻）可反映患者病情进展。此外，生物标志物还可用于确定预后因素、患者选择以及在试验设计中需要考虑的分层因素。建立保留肿瘤部分的组织、体液或血清样本等来进行相关标志物的研究检查。

四、临床试验设计考虑

依照相关法律（21CFR314.126），FDA 对新药上市的批准必须基于有效性的"充分且良好的对照研究"。研究必须与一个对照组进行比较，且就药物的疗效进行充分的评价。在盲法随机对照试验中，统计学和临床终点指标上表现出改善能够有力地证明其有效性。下面将对几个关于支持药物上市的抗肿瘤药物临床试验设计的问题进行讨论。

（一）单臂试验

当目前没有其他治疗方法时，并且推测肿瘤明显缩小的原因可能为试验药物时，FDA 可能会接受在单臂研究中所观察到的客观缓解率和缓解持续时间作为支持审批的证据。例如在急性白血病等疾病中，可以使用缓解率作为支持审批的终点指标。因为在这些疾病中，完全缓解与输血需求量的减少、感染降的低和生存期的增加有关。考虑到各类肿瘤的自然进程变异性很大，因此单臂试验不能充分体现时间 – 事件终点，如生存期、TTP 和 PFS。所以当采用时间 – 事件终点指标时，需要进行随机对照研究。

（二）非劣效性研究

非劣效性试验的目的是通过一个预先规定值（非劣效性界值）论证新药的疗效不低于标准治疗药物。非劣效性界值是指疗效的降低必须在临床可接受的范围内，且不得超出阳性对照药的效果。标准治疗药物必须有明确的临床效益（生存效益）。如果新药的疗效低于阳性对照药疗效，且劣效程度超出了非劣效界值，则可推断该新药是无效的。

非劣效性试验是基于外部（历史性）数据来确定阳性对照药物的疗效。在抗肿瘤药物试验中，通常没有充分的数据对其疗效进行描述。非劣效性试验还依赖于一个恒定的假设：历史研究和当前研究中阳性对照药的疗效是恒定的。阳性对照药的有效性来源于历史数据和当前试验，假设包括两者均具有同样的患者人群特点、治疗方法和评价方法。阳性对照药疗效的估计值应基于历史研究的全面分析。与安慰剂相比，这些研究应重新证实阳性对照药的有效性。实施非劣效性试验时，在如何评估阳性对照药疗效大小和确定需要保留的效应值（非劣效界值）方面具有一定的困难。与优效性试验相比，非劣效性试验通常需要更多的病例，同时还应考虑临床试验结果的重现性。此外，后续治疗和到阳性对照组的交叉可以干扰各种非劣效性分析。对于采用非生存期指示终点的非劣效性试验，其结果不太可靠。

（三）放疗保护剂和化疗保护剂的试验设计

放疗保护剂和化疗保护剂是专门用于减轻放疗或化疗毒性的药

物。这些药物的试验评价通常有两个目标：一是评价保护剂是否
达到预期减轻放疗或化疗毒性的目的；二是确定保护剂是否阻碍
抗肿瘤的疗效。第二项可采用替代终点来检验，如客观缓解率
（ORR）或肿瘤进展时间（TTP），而非总生存期。

五、结论

尽管本指南的总原则是帮助申请人选择上市申请的终点，但仍然
建议申请人就相关 NDA 或 BLA 申报方案和 FDA 在上市申请前进
行商谈。FDA 会指定多学科专家参加，包括肿瘤、统计、临床药
理和外部专家顾问。申请人可以在讨论后对方案进行申报，同时
要求 FDA 对方案进行特殊评估，以便确认用于支持药物上市申请
的终点和方案设计是合格的。

总之，上市审批并不仅仅取决于临床试验设计，还取决于 FDA 对
药物上市申请中所有研究结果和数据的审核。

第三节 | 人用处方药和生物制品标签中的临床研究部分——内容和格式

Clinical Studies Section of Labeling for Human Prescription Drug and Biological Products—Content and Format

一、简介

本指南旨在帮助申请者决定：①何种研究应该包括在处方药标签的临床研究中；②如何描述单个研究；③如何展现实验数据，包括图表的形式。本指南旨在使标签的临床研究（人用处方药和生物制品标签内容及格式的最终要求，21 CFR 210.56 和 201.57）信息更有用，并促使不同种药品在该部分的内容和格式以及药物种类和适应证的内容和格式保持一致。同时，本指南也对临床研究部分的广告和销售数据及描述有一定影响。

标签的最主要目的是为医师或药师在治疗患者时提供最有用的信息。在某些情况下，为了达到上述目的，可能会与以前的标签规范有很大的偏离。

二、确定应当包括在临床试验部分的研究

标签的临床研究部分应对帮助理解如何能够更加安全有效地使用

药物的临床试验进行讨论（21 CFR 201.57（c）（15））。这通常需要医师提供简洁而准确的，对临床决定比较重要的有关药物有效性（有时是安全性）研究的信息摘要。通常来说，这应该包括充分可控的、能够体现药物对已批准适应证有效性的研究信息。这部分标签内容并不需要对所有可获得的有效性数据进行描述。相同结论的其他研究可以省略或简要描述。如果有能够证实相同有效性的多项研究，则从中选取的单个研究应能反映整体数据并得到相应结论。

（一）临床研究部分应包括的试验

以下是充分可控且应包括在临床研究中的试验类型。

1. 提供有效性来支持的临床试验。

2. 提供其他研究中未体现的有关药物有效性的其他重要信息，例如：

● 研究能够表明在不同群体子集中有不同的效果（例如女性与男性，有无伴随疾病或治疗）；

● 研究能够表明在特定临床情况或特定的终点下药物未能达到期望有效性；

● 提供与剂量选择或调整（如剂量反应研究或对特定剂量不起反应者的研究）相关的信息；

● 在效果不明显时提供疗效的本质和度量等信息。

3. 预期评估重要的安全终点的临床研究。

（二）不包括在临床研究部分的试验

以下试验通常不包括在临床研究部分中，除非其也满足 "（一）" 中的要求。如果例外发生，研究的局限性及理由应进行陈述。

1. 能够表明未批准的适应证、用途或给药方案有效性的临床试验。

2. 有效控制的临床试验能够表明那些未通过大量证据支持的相对有效或安全性。

3. 在 21 CFR 314.126 范围内不够充分或不可控的试验。

三、临床研究部分的试验描述

（一）一般原则

1. 关注有效性数据

临床试验部分的主要目的是总结：①能够表明其对研究受试者有效的证据；②试验的关键设计方面，包括研究群体和测量的终点；③获得证据的局限性。通常安全数据在不良反应部分描述。但某些情况下也可以在临床研究部分（例如安全数据通过细节描述或有效结果能够更好理解）对重要的关于安全信息予以呈现。这部分也应包括控制试验中具体针对安全终点设计评估的安全数据。如果安全数据在临床试验部分中展示，则其必须与不良反应及其他部分在适当情形下交叉引用（21 CFR 201.57（c）（15）（2））。

2. 细节数量

通常来说，细节能够提供有用的描述，同时其数量结果取决于适应证、试验设计、对药物或药物类别的理解以及信息在多大程度上能增加对药物临床疗效和使用的理解。给定研究或数据合适的细节数量需要确定，可以用一般原则予以描述。

通常来说，以下情况中需要申请者进行较多细节描述。

● 当研究结果对健康极其重要时。在大部分情况下，这类结果都是对重要临床结果的度量（例如死亡率、中风、急性心肌梗死发生率、骨折发生率、症状减轻或部分改善）。当然也可以包括重要的替代终点结果（如胆固醇或血红蛋白 A1c）。

● 当与已有疗法相比时，新制剂的研究结果表现出明显优势。

● 当研究结果表明治疗了某疾病或身体状况有显著提高时，或能够提供与治疗种类相关的重要药物活性信息。

● 当在特定人群中或使用特定的伴随方案进行研究时，同时其研究结果可能不适用于其他群体。

● 当研究结果无法达到该药物种类或适应证的期望值时。例如，当研究结果表明其响应限度较低或临床意义及影响尚不明确。

● 当研究使用了不常用的终点（例如新的替代终点）时，或终点有严重缺陷和不确定性。

以下情况中需要申请者进行较少细节描述。

● 当新药表现出该类型药物的典型效果时。

● 当试验中度量临床终点的效果还不足以反映临床实践的效果时。例如，运动试验在心力衰竭研究时能表现出有效性，但其并不完全是量化的临床结果。同样，HAM-D 得分的改变能体现其抗焦虑的有效性，但试验是在特定人群和地点中进行，并不能单单认为与临床实践有相似的量化结果。

这些情况下，用一般性描述研究较为有用（如群体、持续时间、测量终点和量化结果），并非提供细节结果。

3. 终点

临床试验部分应对建立药物有效性或其局限的终点进行说明。临床试验部分也可对其他被药物影响的终点或可能会却未被影响的终点进行讨论。

● 复合终点：复合终点的所有组成成分的结果通常需要说明。这能够解释各组分的诱导结果以及哪些组分不受影响甚至负面影响。当复合终点的组成部分的结果存在一定范围时，那么选择性地对复合终点某组分进行说明或是仅对有变化的组成终点进行说明，就可能产生误导。通常，讨论复合终点的某组分时，应仅是描述性的分析（例如不对统计分析进行阐释），除非该组成部分是单独的终点且具有既定的假设和分析计划。

● 首要和次要终点：首要终点和次要重点的广泛使用使其产生的效果大大下降。应对既定的终点是否有文档记录、统计分析以及临床意义上的效果进行合适的考察，而不是简单表明其终点是首要的或是次要的。

●紧密联系的终点：如果两个或多个终点紧密联系且传递的的信息基本相同，则只需对其中的一个终点进行说明。

4. 比较性数据

与安慰剂相比，如果药物的有效性可以被证实，则药物与阳性对照的比较结果通常不在标签中体现，除非数据能充分说明其对比结论（无论是药效更好或相同）。例如，当用三组治疗（被研究药物、阳性对照和安慰剂）来描述临床试验时，被研究药物与安慰剂的对比能够得出重要的有效性信息，而阳性对照仅用于阐明试验的灵敏度，那么此时的阳性对照组及其数据应剔除，除非该数据能充分说明对比结论或有助于临床医师对药物疗效的理解。

如果有效性只能通过与阳性对照的比较（药效更好或不差于）得到，同时阳性对照对于临床医师在理解药物疗效方面显得尤为重要时，阳性对照数据与阳性对照物应包括在标签内。此时，标签应足够清晰，不应为比较性的结论而应当对比较性数据的局限性（例如对照物并非在最佳或批准的方案下给药）予以说明。

药物的有效性明显好于或等同于阳性对照的结论须有大量证据支持（21 CFR 201.56（a）（3））。对于有效性明显好于的结论，应有一种治疗优于另一种治疗的充分可控的试验。对于有效性相同的结论，应有一种治疗不差于另一种治疗的充分可控的试验，同时两者的差异并没有临床意义。因此，非劣效性应小于建立有效性所需的限度。例如，表明一个新药至少有阳性对照50%的效果的试验就能提供足够的有效性证据；但是对于支撑有效性相似这一结论来说，50%的非劣效性通常过大。对于各类型的试验，阳性对照都应采用正确的剂量和给药方案，通常为推荐的剂量及在合适患者群体中。

（二）试验设计描述

当描述试验设计时建议采用以下因素。

1. 设计特征

主要设计特征应当予以说明，包括盲测水平（例如双盲、半盲或开放实验）、对照类型（例如安慰剂、阳性对照、历史对照）、研究持续时间、治疗组分配方法（例如随机分配）以及在后续研究中发现潜在的反应体或提出安慰剂反应体的准备期。通常，许多因素都可以总结为一个短语，例如"随机双盲安慰剂对照研究"。

2. 治疗组

每个治疗组的剂量、给药方案和标定程序应该确定。

3. 伴随治疗

应尽可能地包含伴随治疗的信息，其有助于对研究药物的使用或效果的理解。

4. 研究群体

对研究群体的描述应对某些特征进行说明，其对于实验结果的转化和应用至关重要。所以描述应该确定重要的纳入和排除标准、研究群体的人口统计特征、便于理解治疗效果的任何临床相关变量基准值以及实验结果能够推广的程度等的其他群体特征。例如，描述应对所有排除受试者倾向的因素进行讨论，如对不良反应，研究群体的年龄分布，导致研究群体较正常情况下或多或少患病的基准值以及通过研究设计去除无反应体来精简的研究群体。

5. 关键终点

建立有效性关键的终点应予以指出，那些通常不被理解的应予以定义。

（三）研究发现总结

当需要一份详细的研究发现汇总时，下列因素应在不影响执业医师理解药物有效性的前提下予以说明。

1. 受试者分配

受试者分配包括下列内容：

●参加的受试者数量；

●完成研究的受试者数量；

●没有继续研究的受试者数量及其原因；

●对于有适应期或其他独立阶段的研究，应包括受试者参加每个阶段的数量以及没有进入下一个阶段的受试者数量。

2. 治疗效果

研究发现总结应对对照组（如安慰剂组或阳性组）相关治疗临床效果进行描述。

●绝对与相对的不同：当对研究组与对照组的差异进行说明时，治疗组测量终点的绝对差异与相对差异都很重要（例如相对危险降低率或危险比率）。例如，如果死亡率在一试验组中是 6%，在另一组中是 8%，绝对差异（2%）应该与 25% 相对危险降低率一同进行说明。

●整体结果和单个受试者数据：大部分情形下，治疗效果用平均值或中位数体现时，常伴随测试的不确定性。但是提供治疗组中各受试者的数据也能够对药物临床效果进行描述。可以通过包括图表展示在内的各受试者响应的累积分布的形式体现。单个数据也可以以分类结果的形式体现（例如达到既定目标的患者的比例，如收缩压 120mmHg）。

●组合数据：某些情况下，多个有效性研究的组合数据的分析对治疗效果的评估大有益处。这些分析应科学正确且能更好地对治疗效果进行描述。整合图表有助于对数个研究的置信区间的阐明。

●治疗效果的不确定性：在描述治疗效果的不确定性时，通常需要提供置信区间和 P 值的基本信息。置信区间能够为治疗效果的不确定性提供更好的数量上的描述，同时提供一些关于其数量大小的信息；P 值传达了其被发现的可能性（如有多大可能观察到的治疗效果是偶然发现）。无论如何，P 值通常不宜单独使用。

3. 描述治疗组结果

在对照试验中，治疗组中基线的改变通常没有意义。治疗组之间基线的变化对于治疗效果的认识很关键。因此，研究药物与对照物的结果都应进行说明，因为治疗效果是通过比较的方式来体现。当安慰剂组有较好的治疗效果时，被研究药物与对照物的结果说明显得尤为重要，当对安慰剂组进行说明时，其结果具有很高的误导性。当阳性对照组结果进行讨论时，比较性的结论不应隐藏起来。比较应在组间进行，而非组内疗效和基准值的比较。

对于连续型数据，治疗组结果的说明应该包括治疗组内各受试者结果的变化信息。可变性可以通过标准差描述并用框图绘制。

4. 群体及其他方面

临床试验部分应该包括对不同年龄、性别和种族群体的治疗效果的总结陈述（21 CFR 314.50（d）（5）（v））。其应对观察到的子群体差异进行分析，并应考虑当样本容量较少时其分析结果的适用性。下列是合适总结的样例。

● 数据库不够大，不足以评估不同年龄、性别或种族是否存在效果差异。

● 对群体年龄和性别的检查未发现效果差异。非洲裔美国人受试者的数量太少不足以评估此群体的效果差异。

● 群体年龄和性别的检查表明对于女性（可能由于女性群体中较高的 mg/kg 剂量比）有更好的治疗效果，但与年龄无关。非洲裔美国人受试者的数量太少不足以评估此群体的效果差异。

从分析其他人口因素而得到的结果也应需要仔细的说明，如需要，也应对未考虑到内在风险予以说明。

（四）不同类型结果的数据呈现

当具有临床意义时，治疗结果的数据才需要进行呈现。

1. 分类结果（例如成功或失败）

对于分类结果，随机受试者结果中的数量（或百分比）予以呈现，如治疗组的总样本容量、成功数、失败数以及未知状态数。未知状态的受试者可以进一步分为因不良事件而退出试验的数量、研究失访的数量或其他分类。如果只有百分比被报告，应该包括其基数。

2. 连续变量

对于连续变量，中心趋势（例如平均数、中位数）的度量以及分布的度量是展示数据的常用方法。当使用平均数或中位数时，应提供每一时间点留在试验中的受试者数量。因为倘若有差异性较大的数据，平均数或中位数无法将其充分体现，此时对每个数据（例如图表展示累积分布）进行体现可能较为有效，报告的任何变化（无论是数值还是百分比）也都非常重要。

3. 时间至事件终点

当采用时间至事件终点（如死亡率）时，只描述生存中位数或平均数通常是不够的。生存曲线（或无事件生存曲线）和危险率通常是展示此类数据的有效方法。也可以在特定时间点（例如 3、6、9、12 月）或事件频率点（例如 25%、50% 和 75% 事件的时间点）对数据进行总结。应对在给定区间或频率内的受试者数量明确估计。同时体现绝对与相对差异。

4. 图或表

在对试验结果进行交流时，图或表通常较单独的文本更有效果，对临床试验部分的研究数据展示时，应选取其一。

（五）暗示内容以及广告与销售方面的考虑

临床研究部分不得建议或暗示未列在"适应证与用途"或"剂量和给药"部分的适应证、临床用途或给药方案（21 CFR 201.57（c）（15）（i））。应避免没有普遍理解意义的词汇或词组（例如不准确的定量词汇）或不易定义的、模糊的、具有误导性的或推广性语句。如大或小（应用准确尺寸或数量替代）、较好设计的（用特定的实验设计替代）、广泛研究（提供特定的数据库）、迅速的（用变化 / 单位时间替代）、趋势（提供特定结果）、效力（提供尺寸或效应）、重要研究（描述主要的有效性实验）以及有显著意义（提供置信区间）。

临床研究部分的陈述与数据展现中会频繁地使用广告或销售。申请人必须注意任何处方药推销中有效性说明，包括相对有效性在内都应有大量证据（21 CFR 201.56（a）（3））或大量临床经验（见21 CFR 202.1（e）（6）（i））支撑。

（六）临床试验部分的更新
当得知标签内容不准确、错误或具有误导性时，临床试验部分必须予以更新（21 CFR 201.56（a）（2））。过时的信息必须被迅速修改或删除。

FDA

第六章
CMC 和 GMP 指南

第一节│**药物和生物制品的分析方法验证**

Analytical Procedures and Methods
Validation for Drugs and Biologics

一、简介

本指南取代 2014 年 2 月 19 日公布的同名草案（79FR169467），替代 2000 年的行业指南"分析方法验证"和 1987 年的"方法验证的样品和分析数据的提交指南"。它指导申报人如何提交分析方法验证数据来支持原料药和制剂鉴别、剂量、质量、纯度和效价文件。它会帮助你组织资料，呈现数据来支持你的分析方法学。建议适用于新药上市申请（NDA）、简略新药上市申请（ANDA）、生物药品许可申请（BLA）以及对这些申报的补充资料中的原料药和制剂。本指南中的原则也适用于第二类药物主文件（DMF）所包括的原料药和制剂。

本指南补充 ICHQ2（R1）分析方法验证：文本和方法学，该指南用于分析方法的开发和验证。

本指南并不讨论 IND 申报中的方法验证，但申请人在准备 IND 时应考虑本指南中的建议。对于 IND，要求一个临床的各阶段都有充分的资料来确保适当的鉴别、质量、纯度、剂量和 / 或效价。分析方法适用性的资料数量会因临床阶段不同而不同。一般来说，在Ⅰ期临床提交的分析方法验证资料，需要参考 FDA 行业指南"药品Ⅰ期临床研究 IND 申报资料内容和格式，包括具有显著特征的、有益于健康的生物技术衍生产品"。在Ⅱ期和Ⅲ期临床研究之前的分析方法验证的一般考虑要点在 FDA 行业指南"药品（包括特定的生物技术衍生产品）的Ⅱ期和Ⅲ期临床研究 IND"和"人用药和生物制品，化学、生产和控制（CMC）资料 IND 会议"中有讨论。

本指南并不提出对生物和免疫化学测定以及原料药和药品的质量控制中的特定方法验证的建议。例如，有些生物鉴定是基于动物挑战模式和免疫原性评估，或其他独特的免疫测定，因此在研发和验证时需要考虑。

在药品和工艺研发期间所需的分析方法已在 FDA 行业指南"工艺验证：一般原则和规范"中进行了讨论。

此外，在产品的生命周期中当生产工艺变更时，可能需要采用基于风险的方法确定是否需要对现有分析方法进行再验证。对于本指南中未讨论的关于分析方法验证或资料提交的问题，可以咨询 FDA 质量评估人员。

如果申请人选择了一个不同于本指南中的方法，我们鼓励在提交申报资料前与适当的 FDA 质量评估人员就此事进行讨论。

二、背景

每个 NDA 和 ANDA 都必须包括确保原料药和制剂鉴别、含量、质量、纯度和效价的分析方法。每个 BLA 必须包括生产工艺的全面描述，包括用以证明所生产产品符合所述鉴别、质量、安全、纯度和效价标准的分析方法。必须有数据证明用于测试的分析方法符合准确度、灵敏度、专属性和重复性标准，并适用于其既定用途。

分析方法确认或验证数据应按照 ICH M2 eCTD "电子通用技术文件规范" 在申报资料中相应的部分提交。

如果分析方法作为 NDA、ANDA 或 BLA 的一部分被批准或许可，则其成为 FDA 批准产品的批准的分析方法。该分析方法可以是来源于 FDA 认可的途径（例如，USP/NF 药典方法）或一个提交的经过验证的方法并被 FDA 接受。在不同药品中应用一个分析方法时，要考虑加入新药的母体后对药典方法进行适当的验证或确认研究。

三、分析方法开发

开发分析方法是为了测试原料药或制剂的指定属性，以确认其是否符合已建立的该属性可接受标准。在新分析方法的开发早期，应根据其应用目的和范围来选择所用的分析仪器和方法。在方法开发中需要进行评估的参数为专属性、线性、检测限（LOD）和定量限（LOQ）、范围、准确度和精密度。

在方法开发早期，应对方法的耐用性进行评估，因为该属性可以帮助确定提交哪个方法。早期的分析方法开发基于对基础方法学的了解和之前的经验进行。早期的实验数据可以用于指导进一步的方法开发。如果这些早期实验数据支持方法验证的话，应该在方法验证部分提交这些数据。

为了全面了解分析方法参数变更的影响，应该采用一个系统的方法进行方法耐用性研究（例如，设计一个方法参数实验）。开始应采用初始风险评估，然后进行多变量实验。这样的方法能让人了解参数因子对方法性能的影响。对方法性能评估可以包括分析来自生产过程中从中控到成品不同阶段的样品，从这些方法变化来源的研究中获得的知识可以帮助评估方法的性能。

四、分析方法的内容

应将分析方法叙述的足够详细，使得有资质的化验员可以重复必要的条件并获得可接受标准内的结果，还应该描述分析过程中需要特别注意方面。分析方法可以引自 FDA 认可的来源 [例如 USP/NF、国际分析协会（AOAC）]，只要被引用的分析方法未修订至超出所公布方法所允许的范围。如果是其他出版来源，应提供详细方法。以下是一个分析方法中应包括的基本信息。

（一）原理 / 范围
分析测试 / 技术（即分离、检测）基本原理的描述；目标分析物和样品类型（例如，原料药、制剂、杂质或生物流体中的化合物）。

（二）仪器 / 设备
所有需要的并确认过的仪器和组件（例如，仪器类型、检测器、柱子类型、尺寸和可替代的柱子、过滤器类型）。

（三）运行参数
确认过的优化的设置和范围（包括来自药典或研发和 / 或验证研

究的可接受的调整），对于分析过程非常关键（例如，流速、部件温度、运行时间、检测器设置、梯度、顶空进样器）。适当时，可以使用带有实验设置和积分参数的样图。

（四）试剂 / 标准

适当时应列出以下内容：

● 试剂或标准的描述；

● 化学品的级别（例如，USP/NF、美国化学协会、HPLC 色谱级或 GC 色谱级或无防腐剂的）；

● 来源（例如，USP 标准品、内部确认的对照物质、WHO 国际标准 / 对照物质、CBER 标准）；

● 纯度（只有纯的化学品需要）、状态（例如，干品、湿品）和浓度；

● 效价（CFR、USP 所要求）；

● 存贮条件；

● 安全使用指示（以现行安全数据表 SDS 为准）；

● 验证过的或有证明文件的货架期。

生物试剂的新类型，例如，单克隆抗体、多克隆抗原或细胞，可能需要包括进一步确认程序，作为分析方法的一部分。

（五）样品制备

各供试样品的制备程序（例如，提取方法、稀释或浓缩、除盐和超声混合、振荡或超声时间）。定性测试单样品配制，定量测试平行样品配制，工作溶液用适当的浓度单位（例如 μg/ml 或 mg/ml），以及溶液的稳定性和存贮条件的信息。

（六）标准溶液制备

所有标准液和对照液的制备和使用程序，具有适当的浓度单位，有标准稳定性信息和存贮条件，包括校正标准、内部标准、系统适用性标准等。

（七）检验程序

对方法的逐步描述（例如，平衡时间、扫描/进针序列、空白、基底样、样品、对照样、敏感溶液（杂质方法适用）和在分析过程中维持系统适用性的标准样）以及允许运行范围和适当时的调整。

（八）系统适用性

对测试程序和参数进行确证以保证系统（仪器、电子产品和分析操作和要分析的控制点）能在使用时作为一个整体正确运行。适用于对照控制和样品的系统适用性的可接受标准，如拖尾因子、精密度和分辨率，在适当时可能需要。色谱系统的系统适用性，参见 FDA 行业指南"色谱方法的验证"和 USP 通则 <621> 色谱。

（九）计算

根据标识声明和质量标准（例如，含量、特定和非特定杂质和相对响应因子）进行测试所得的数据分析（标准、控制、样品）中所用的积分方法和代表性计算公式。其中应包括数据分析中所使用的所有数学变换或公式的描述，以及使用的所有校正因子的科学论证。

（十）数据的报告

与仪器的能力和可接受标准相一致的数字式数据的呈现方式。方法中应指明要采用何种形式来报告结果（例如标识声明的百分比，重量／重量，重量／体积），并指定所需报告的有效位数。美国材料试验协会（ASTM）E29 标准中描述了在测试数据中使用有效位数来决定与质量标准符合性的标准规范。如果是色谱方法，应该包括保留时间（RT）用于与对照品比较，相对保留时间（RRT）（已知和未知杂质）的可接受范围和样品结果报告标准。

五、对照品和对照物质

一级对照品、二级对照品和对照物质在 ICH 指南中已有定义和讨论：Q6B "质量标准：生物技术／生物制品检验方法和可接受标准" 和 Q7"原料药 GMP 指南"。要确保所有的标准品均适合于其用途。要严格遵守对照品存贮和使用条件及处理方法，避免改动和污染，这可能会导致引入其他杂质和分析不准确。应该在申报资料中包括各对照品和物质适合于其用途的支持信息。适当时，支持对照品和物质的信息应包括确认试验报告和分析报告单（包括稳定性试验方案、报告和相关已知杂质概况资料）。对于 BLA 下的生物制品，要在年报中加入之后的对照品批次的确认。

对照品通常可以从 USP 处获得，也可以通过 EP、JP、WHO 或国际标准技术委员会获得。大量的生物制品对照品也可以从 CBER 处获得。在美国上市的特定生物制品，CBER 授权的对照品必须在产品放行上市前使用。从其他来源获得的对照物质应根据程序

进行确证，包括常规测试和 ICH Q6B 里所述的超出常规放行测试
的项目。应考虑使用正交方法来确证对照品。附加测试可以确定
对照物质适用性，这可能在原料药或药品放行测试中不能发现（例
如，更全面的结构鉴定和效价、纯度和杂质正交技术）。

新的对照品物质（官方的或自制的）要采用现行的对照品进行确
认 / 校正。对于生物制品对照品和物质，建议在确认新的对照品
时采用双轨方法，以防止质量属性的漂移。双轨方法是将每个新
的对照品与基准对照品进行比较，将其与临床试验物质和现行生
产工艺相关联。

六、分析方法验证

（一）非药典分析方法

分析方法验证是证明一个分析方法适合于其既定用途的过程。方
法学和分析方法的目的应在开始验证研究之前进行清楚的界定和
了解。这种了解来自于基于科学的方法开发和优化研究。验证数
据必须是从发起方按 GMP 批准的方案中产生，方案中要有每个
验证项目的方法学描述，并确定和论述可接受标准，采用经过确
认的仪器实施验证。应起草并实施原料药和制剂分析物或对应基
质的分析混合物的验证方案。申报资料中应包含验证研究及结果
的详细内容。

（二）验证属性

尽管并不是所有的验证属性适用于所有类型的测试，但一般的验
证属性包括：

● 专属性；

- 线性；
- 准确度；
- 精密度（重复性、中间精密度和重现性）；
- 范围；
- 定量限；
- 检出限。

ICH Q2（R1）被认为是是分析方法验证属性的建议和定义的基本参考资料。FDA 行业指南"色谱方法验证"中也可以找到。

如果一个方法是经过验证的定量分析方法，可以检出原料药和制剂在存贮期间的质量属性的变化，则认为该方法是具有稳定性指示性的测试方法。为了证明一个稳定性指示检验方法的专属性，要进行一系列的挑战。一些挑战包括向样品中加入目标分析物和所有已知的干扰物、经过不同化验室强降解试验的样品、经过长期放置或在加速温湿度条件下存贮的实际药品的样品（通过最终生产工艺生产出的）。

作为 NDA、ANDA 或 BLA 的持有人，申请人必须：①提交数据用于支持所用分析方法符合准确度和可靠性要求；②通知 FDA 在已批准的申报资料中所建立的每个条件超出申报资料中已批准变化范围的每个变更，包括对分析方法和其他已建立的控制的变更。

所提交的数据应包括方法耐用性评估结果，该项目一般是在方法开发时做的，或者作为验证研究计划的一部分。

（三）药典分析方法

分析方法（例如 USP/NF，AOAC 国际的官方分析方法或其他公认的标准对照）的适用性应在实际使用条件下经过确认。证明 USP/NF 分析方法适用于原料药或制剂的资料应包括在申报资料里，并且是从确认方案中产生的。

确认方案应包括，但不仅限于：①要确认的药典方法，预定的可接受标准；②方法学的详细说明（例如，试剂、设备、配件、色谱条件、色谱柱、检测器类型、检测器信号响应灵敏度、系统适用性、样品制备及其稳定性）。验证的过程和程度应决定哪些验证项目测试应包括在方案中（例如，专属性、LOD、LOQ、精密度、准确度）。在决定方案中应包括哪些验证项目取决于一些具体情况，如质量标准限度设定是否严于药典可接受标准，或 RT 或 RRT 概况由于原料药合成路线、生产工艺或制剂基底不同而在色谱方法中有所变化。如果完全按照药典方法实施，没有偏差的话，药典含量方法不需要进行耐用性研究。

七、统计学分析和模型

（一）统计学

验证数据的统计学分析可以用于评估验证的属性是否符合预定的可接受标准。所有用于数据分析的统计学程序和参数均应是基于合理的原则，并适合于既定评估。有几个统计学方法用于评估验证属性颇为有用，例如，变量分析（ANOVA）用于评估相关性分析 R（相关因子）和 R^2（判定系数或拟合优度）或线性回归用于测量线性。许多用于评估验证属性的统计学方法依赖于样本的正态性，决定是否拒绝该假设很重要。有许多技术，如柱状图、正态分布和概率图，可以用于评估所观察到的分布情况。如果观察到的数据是非正态分布的，则将数据转换成为正态分布或应用非正态分布（无参数）方法会更为恰当。在研发新的分析方法、评估现有分析方法或评估测量系统性能时，应参考适当的文献或文件来获取关于统计学程序的信息，以及关于分析数据诠释和处理的其他通用信息。数据分析应采用经过适当验证的软件，否则应单独确认其正确性。

（二）模型

有些分析方法可能会使用化学计量学和／或多变量模型。如果研发的这些模型、样品数据可以提供足够的统计功效和范围用于建模，则应考虑进行验证。可以使用适当的软件进行数据分析。应该设计变化模型参数来测试模型的耐用性。

八、分析方法的生命周期管理

分析方法（包括药典方法）被成功验证（或确认）和实施后，在其产品的生命周期中应遵守该方法，以持续保证方法适合其既定用途。应定期对方法的表现进行趋势分析，评估是否需要对分析方法进行优化，或对全部或部分分析方法进行再验证。如果一个分析方法只能通过不断调整分析方法里载明的运行参数来符合所建立的系统适用性要求，则应对该分析方法进行再评估和再验证，适当时进行修正。

在一个产品的整个生命周期中，新的资料和风险评估（例如对产品 CQA 有更好的了解，或发现新的杂质）可能会保证一个新的或替代的分析方法的开发和验证。新技术可能会带来产品质量保证方面更多的了解和／或可信度。申报者应定期评估产品分析方法的适当性，考虑新的或可替代的方法。

预计在生命周期中会对分析方法进行变更，因此要保留适当的留样进行对比研究。留样数量应基于科学原理以及风险评估。对生产工艺较为敏感的复杂产品，其留样可能是做对比研究的重要工具。

用于对比研究的留样应包括代表上市药品的样品，如可能，还应包括关键的临床试验物料。

如果基于风险的评估或其他原因导致对分析方法进行变更，或采取新的方法取代旧的方法，或分析方法转移至一个新的检测场所，则要考虑进行再验证、新的验证、分析方法对比研究或联合进行这些工作。在有些情形下，对原料药或药品生产工艺的变更也会导致分析方法再验证。这些额外的研究讨论如下。

（一）再验证

在验证部分参照第"六，"部分所述原则适用于再验证。如果对一个分析方法进行了变更（例如对设备的变更或试剂的变更，或因为生产工艺或配方有变更），则可能要考虑对分析方法进行全部或部分再验证。在工艺变更时可能也需要对分析方法进行再验证，例如可能影响分析方法性能的原料药生产工艺变更（例如，合成路线、发酵）或引入新的制剂配方。

需要进行再验证以保证分析方法维持其关键性能指标（例如，专属性、精密度、准确性）。再验证的程度取决于变更的性质。

（二）分析方法对比研究

分析方法对比研究要求一般是在申请人提议采用一个替代分析方法取代一个 FDA 批准的分析方法时，或将一个分析方法从一个实验室转移至另一个实验室时产生的。用于决定两个分析方法的等

同性的统计学方法信息，需要引用适当的文献或文件。这些情况
讨论如下。

1. 可替代的分析方法

替代性分析方法是用来代替 FDA 已经批准的分析方法的一种分析
方法。对于一个 NDA 或 ANDA，要将所有拟定的替代分析方法包
括在申报资料中。必须包括方法描述。在批准后，对于一个 NDA
或 ANDA，或在 BLA 里批准的但未包括在 FDA 法规里的分析方法，
凡增加、修改或删除替代分析方法均要在下一次年报中记载。

对于生物制品，FDA 法规里可能很少包括分析方法。如果所需的
分析方法在法规里进行了描述，但申请人想使用一个方法来替代，
必须根据 21 CFR 610.9（a）提交替代方法供审核和批准。必须提
交证据 "……证明方法修订能确保生物制品的安全、纯度、效价
和有效性等同或优于生物制品通用标准或附加标准中给出的方法
或程序"。对这样程序的修订需要在申报资料评估过程中或在批
准后增补中获得 FDA 批准。

要分辨可替代性分析方法的使用（例如，放行检测、稳定性测试），
提供其内容的合理性论证、验证数据和与 FDA 批准的分析方法的
对比数据。要进行分析方法对比研究，至少证明：

● 新的方法配备了另外的控制手段，在其既定用途上等同或超过
原始方法；

● 新的分析方法比原始方法更不易受到基质的影响。

如果采用新的检验方法能发现新的与工艺或产品变化相关的杂质

或所有新的杂质，则应对历史批准的留样进行检查，证实新方法检出的变化／杂质是因为新的方法灵敏度或选择性增加的结果，而不是工艺杂质变化的结果。

如果分析方法具有稳定性指示特性：

●应包括适当的样品，比较新的方法和原始方法检出相关产品变化和降解物的能力；

●对比时所分析的批次数应能提供足够的统计功效；

●要采用适当的统计学方法来实施等同性、不低于或优越性研究，来证明新方法或修订过的方法的性能等同或优于原始方法；

●要识别出用于比较产品检测结果的统计学分析方法；

●适当时，分析方法间所有观察到的偏差或差异以及对比结果均应进行讨论，并提出解释。

2. 分析方法转移研究

分析方法转移一般要使用转移方案进行管理，在方案中详细写明要评估的参数，以及适用于结果的预定可接受标准。转移研究通常包括两个或更多化验室或场所（转出化验室和接收化验室），由其实施预先批准的转移方案。转出化验室和接收化验室使用具有代表性的足够数量的测试物（例如相同批号的原料药或制剂）。实施对比研究是为了评估准确度和精密度，特别是实验室之间的差异。如果所转移的分析方法也是稳定性指示性方法，则应在两个化验室均对强降解样品或含有所要检测的相关杂质的样品进行检测。USP 通论 <1224> "分析方法转移"提供了关于此问题的更多指南。

（三）已批准的 NDA、ANDA 或 BLA 的上市后变更报告

上市后对分析方法的变更必须根据 21 CFR 314.70 或 21 CFR 601.12 向 FDA 报告。在 FDA 行业指南"已批准 NDA 或 ANDA 变更"和"已批准 NDA 或 ANDA 变更：质量标准——药典变更自行裁定实施"中给出了 NDA 和 ANDA 各种批准后变更的报告分类信息。由 CDER 和 CBER 管理的 BLA 上市后变更的类似信息已在 FDA 指南"特定生物技术和特定合成生物药品已批准申报的变更"中给出。

九、FDA 方法确认

有些 NDA 和 ANDA 的批准过程会包括 FDA 实验室评估决定一个分析方法是否被接受作为质量控制用，是否适合于法规目的。如果将执行化验室评估，则 FDA 实验室会发出一个要求，在其中详细说明要呈送给 FDA 实验室的样品和备用样品。其中可能包括产品样品、对照品、关键的试剂、物料安全数据以及备用样品。实验室结果和建议会从 FDA 实验室送至产品质量审核人员那里。

对于特定的生物制品，则要和 BLA 一起提交具有代表性的产品样品，以及对这些批次样品检验的结果汇总。FDA 实验室会核实这些方法的性能以及提交的结果。在 BLA 准备提交时的会议中，或在 BLA 提交之后，FDA 实验室可能会发给你一个要求，要求提供标准品、对照品、试剂、MSDS（化学品安全说明书，material safety data sheets）和备用样品。

第二节 | 注射药和生物制品允许溢装量和标示西林瓶填充量

Allowable Excess Volume and Labeled Vial Fill Size in Injectable Drug and Biological Products

一、简介

本指南为制药企业提供了 CDER 和 CBER 关于注射药物与生物制品允许溢装量和标示西林瓶填充量的当前思考。它替代了发布于 2014 年 3 月 14 日的同名草案（79FR14517）。特别地，本指南阐明了 FDA 关于注射西林瓶溢装量的监管要求和建议，并描述了何时需要理由说明为何提出在这些注射药品中增加微量灌装。本指南也讨论了注射药物正确填充量的重要性并建议标示西林瓶填充量与用途和剂量相适应。

本指南涉及包装在西林瓶与安瓿中的可注射药物产品、可抽出体积和标示西林瓶填充量，包括需要重新组合的产品。该指南并不包括其他包装类型的注射药品（如预充填注射器包装系统和输液袋）或不可注射的产品，因为它们可能有包装结构的特殊考虑。本指南中的建议适用于新药上市申请（NDAs）、简化新药上市申请（ANDAs）和生物上市许可申请（BLAs），也包括这些申请新包装的增补文件或其他可能影响装量的变更。

二、背景

注射西林瓶的滥用，包括不安全的处理方式和注射技术，导致西林瓶污染以及血源性疾病在患者中传播的风险增加。不适当的溢装量和标示西林瓶填充量是导致消费者和保健提供者不安全的处理和注射的两个因素。FDA 关注这些问题并公布本指南阐明监管要求和建议。

三、概述

（一）允许的溢装量

美国药典总则注射剂部分规定注射产品的每个容器都应填充稍微超过标签上标示的量。超过的量是为了保证抽出与给药是标签上规定的剂量。FDA 法规 21 CFR 201.51（g）规定在安瓿或西林瓶中的注射药物，标签上标示的净重被认为是表达内含物的最小量并进一步要求标示量上的变化程度必需符合美国药典中提出的溢装量。美国药典总则药物制剂部分规定了流动和黏性流体在一系列填充量的溢装量建议，注意建议的溢装量通常足以保证抽出和给药量是标签上规定的剂量。允许的溢装量也被称作"过装量"，但不应与别的指南中的"超过量"混淆。通常来说，申请者不应在容器标签上宣称过装量。

当西林瓶中的溢装量比药典建议的量多或少而没有正当理由时，FDA 会对此表示关注。这样的过量或少量可能导致医疗错误并误用剩余药品或汇集西林瓶以获得一次剂量。

（二）标示西林瓶填充量

当注射药物需要剂量的灵活性时，申请者应该在药物研发中确定适当的西林瓶填充量，考虑西林瓶可能以怎样的方式被使用。举个例子，单剂量西林瓶用于单个患者单次注射 / 输液。但是即使标示正确，包含明显多于需要剂量的单剂量西林瓶可能造成剩余药物的误用。类似地，如果共用几个单剂量西林瓶以获得单个患者剂量就可能导致医疗错误和微生物污染。

根据美国药典通则 <1>，多剂量西林瓶有最大容器体积足以抽出不超过 30ml 的体积，除非在美国药典产品中另有规定。设置多剂量西林瓶的最大体积将最大限度减少西林瓶隔膜穿刺，降低破坏西林瓶完整性和西林瓶污染的潜在风险。

四、讨论和建议

关于允许的溢装量，安瓿或西林瓶注射药物申请者必须遵从 21 CFR 201.51（g）中的规定。法规需要申请者遵从美国药典规定的溢装量建议。因此，对于安瓿和西林瓶中的注射药物，申请者必须遵从美国药典 1151 章节中的溢装量建议。对于药物需要重新组合的情况，产品的设计应该符合标签和可接受的溢装量，并保证合适的剂量。对美国药典推荐量的偏移应当有充分理由。FDA 推荐通过获得可抽取内容物测试数据提供理由，在美国药典通则"确定容器内注射液体积"中有规定。也可采取其他合适的方法。很多种样品收集的途径都被认为是可取的，举例如下。

●生物制品申请：批放行测试和 / 或能代表商业生产的批收集，使用合适的取样和方法。

●新药申请和简化新药申请：药物研发试验中能代表商业生产的一批或多批，使用合适的取样和方法。

申请者应该在如下申请资料部分提供有关溢装量的数据。

● 包括在药品内的溢装量应该在一般技术文件（CTD）3.2.P.1 部分的药品的描述和组成中描述。

● 研究和证明（例如抽取体积测试、黏度实验、填充体积变化等）应该在 CTD 的 3.2.P.2.2.1 处方研发部分和 / 或 3.2.P.2.3 生产工艺研发部分描述。

FDA 推荐药品的西林瓶填充量应该和标示用途和剂量相适应。FDA 可能在对于申请中提出的标示西林瓶填充量有疑问时要求提供正当理由。当确定多少量合适时，申请者可考虑以下因素。

● 单剂量西林瓶不应包括显著高于被认为是正常或最大的剂量。

● 消费者和 / 或保健服务提供者不应使用超过一个西林瓶来满足典型的单剂量给药。

● 多剂量西林瓶应该包含不超过 30ml 的药物，除非有特殊情形。对于所有的申请类型，申请者应该在研发过程中与 FDA 尽早沟通西林瓶填充量和溢装量事宜。举个例子，申请者应该考虑在 II 期结束的会议中进行此类沟通或其他临床研究申请的沟通。

建议与 FDA 沟通已有建议中列出的有关事项，包括《审查员工指南》工业良好审查管理原则和 PDUFA 产品实践等。

第三节 | 批准生物制品的合作生产协议

Cooperative Manufacturing Arrangements for Licensed Biologics

一、范围

随着复杂的和高度专业化的生物制品的生产技术和设备的不断发展，许多只完成部分制造过程的企业有了紧迫感。随之很多企业有兴趣共同或外包部分生产以帮助产品研发，提高生产的灵活性。合作生产协议促进了新产品的发展。

因此，FDA 发布这份适用于受《公众健康服务法案》（PHS Act）351 部分管制的生物制品合作生产协议指南。这份文件由 CBER 和 CDER 联合发布，本指南描述了 FDA 对于灵活的生产协议的许可策略的思考。既然合作生产协议有很长的发展周期，本指南可能也对产品早期研发计划有帮助。

FDA 注册的生物制品和输液制品生产商可能选择遵从这份指南。本指南将替代联邦公报 1992 年 11 月 25 日发布的"FDA 关于批准生物制品合作生产协议的政策陈述"（57 FR 55544），并且是 2007 年 7 月发布的同名草案的终稿。

二、简介

在 PHS 法案的 351（a）（2）（C）部分，FDA 将基于生物制品是安全、纯净和有效并且生产过程中的设施能够保证生物制品具有上述特性的证明来批准生物制品上市申请。PHS 法案的 351（c）部分授权 FDA 实施生产使用设施的上市前检查。

FDA 生物制品法规将生产方定义为参与由 PHS 法案批准的生物制品生产的任何合法个人或实体，包括任何承担遵守可用的产品与企业标准责任（21 CFR 600.3（t））的任何合法个人或实体。这样的生产方包括许可申请者，他可能并不拥有主要生产步骤需要的设施但承担遵从可用的产品和企业标准的责任，包括但不限于21CFR210、211、600 至 680 和 820 部分。

生产被定义为培养或生产中的所有步骤以及产品的准备，包括但不限于灌装、检验、贴签、保障和储存（21 CFR 600.3（u））。

生物制品的生产方必须保证进行在生物制品申请中描述其生产过程（21 CFR 600.3（t））。举例来说，生产方必须避免在生产过程中引入污染物（21 CFR 610.13）。

通常单个生产方拥有的设施完成所有生产步骤能够实现足够的监督和控制。但在 1992 年关于合作生产协议的政策说明中描述，我们接受不同方式的替代协议，包括超过一个的生产方。这些替代的生产协议包括短缺供应和分离生产，也包括共享和委托生产协议。某些描述短缺供应的要求在 21CFR601.22 中，描述分离生产的要求在 21CFR600.12（e）和 610.63 中。

先前发布的指南阐明了小规模或试用设施可以用于申请许可，只要它们保证质量并通过验证，在符合 cGMP 的要求下运行或是符合适用的法律法规。本指南中描述的原则旨在为保证生物制品安全、纯度和效价不会因为新式灵活的生产协议而受到影响。

三、供应短缺协议

在 21CFR601.22 中如果一个产品供应短缺，批准的生物制品生产方可能从未经批准的厂房获得初始和部分加工的产品，但须满足如下条件：

● 在未经批准的地点生产只限于最初的和部分加工的仅运输到获许可方的的产品；

● 未经批准的地点名称与地址在 FDA 登记（见 21CFR207 和 607 部分的登记和列表规定）；

● 许可生产方提交申请表解释产品由于特殊的正常需求或是用于生产的资源稀缺供应短缺；

● FDA 经过调查同意许可生产方的解释；

● 许可生产方可以保证通过检查、检验或其他程序，在未经批准的厂房内生产的产品完全符合相应法规。

供应短缺规定只有有限的应用。尽管一些企业，例如参与复原血浆生产的，多与这些规定有关，它们通常只在不常见的情况例如产品稀缺或需求极度增长情况下使用。

获得许可的生产方可能只能使用这些规定获得原材料。这些原材料只能经历特定的有限的过程。下面是一些可能在供应短缺下获得的原料的例子：

● 生产过敏原提取物的某些原材料；
● 包含罕见抗体的特定类型的人体血浆；
● 用于生产抗毒素的毒液；
● 复原血浆；
● 用于生产血库试剂的未经批准的红细胞；
● 从动物上获得的材料。

供应原材料方须经过 FDA 检查（依据 FDC 法案 704（a）部分）。

期望签订供应短缺协议的许可生产方应该在原来的 BLA 中提交需要的生产工艺信息和保证或将批准的申请变更提交给 CBER 或 CDER。

四、分离生产协议

分离生产协议中两个或多个生产方都根据 21CFR207、607 或 807 部分在 FDA 登记，并且被许可参与一个特定生物制品的联合生产。

（一）通则

建议想要签订分离生产协议的生产方在 BLA 原始申请或增补文件中描述每个生产者的角色。建议申请或增补文件描述每个厂房完成的步骤并包括任何中间品和最终产品需要使用的标签。

我们考虑是否批准这些提交的申请的因素包括但不限于：

● 与批准的生产过程和标准的依从度；

● 中间品的等价性；

● 生产方证明中间品运输过程中稳定性的能力；

● 充分的中间品和最终产品标签。

所有批准的分离生产中的生产方必须按照 21CFR601.12 通知 FDA 中心在生产、测试或产品标准中的变更。每一个提出变更的生产方都应该通知其他参与的生产方。

（二）记录保管要求

所有参与分离生产协议的生产方必须遵从 21CFR210 和 211 部分的记录保管要求，若适用也须遵从 21CFR600.12（e）和其他 cGMP 规范。

（三）标签

每个参与的生产方的名字、地址和许可号必须标在包装标签上以及能够容纳整个标签的容器的标签上（21CFR610.63）。FDA 的经验表明在容器标签上展示所有参与生产方名字、地址和许可号并不总是可行的，特别是在多方生产协议中。

FDA 担心多个名字和地址出现在固定在包装的外标签可能造成混淆并限制更重要的标签内容。在 21CFR600.3（cc）下，包装被定义成包括说明书。为了遵从 21CFR610.63，建议如下操作：

● 将制剂成品的生产方以及负责报告生物制品不良事件的生产方姓名、地址和许可号标在固定在包装的外标签上；

● 将参与分离生产协议的所有生产方姓名、地址和许可号标在产品说明书上。

一个许可的中间品可以被批准用于进一步加工，因此我们建议"用于进一步加工"作为专有名称的一部分。如果作为专有名称的一部分，"用于进一步加工"必须出现在每个包含产品的包装的标签上（21CFR610.60）以及能够容纳整个标签的容器标签上（21CFR610.60）。

血液制品通常会出现分离生产协议的情况。在21CFR606.121（c）（2）下，注册号必须出现在用于输液的血液和血液成分容器标签上。如果是许可产品，所有生产方的许可证号也应出现。

五、共同和委托生产协议

我们认识到申请许可的生物制品生产方可能并没有能力或会选择在一个自己的企业完成所有操作。当许可申请者决定生物制品不由自己完整地生产（从原材料开始通到最终的处方、灌装、包装和贴签），许可申请者可能如下所述寻求与一个或多个生产方签订共同或委托生产协议。

（一）共同生产协议

共同生产协议中两个或多个生产方获得许可并为产品生产的特定方面负责，但它们都不被许可生产产品的所有方面。

一个普通的共同生产协议中，一个生产商只负责一个中间产品，另一个负责最终产品。

1. 通则

参与的生产方可能完成特定的生产步骤和 / 或委托另外的实体，并承担遵从相应产品与企业标准的在 21CFR600.3（t）中描述的申请者责任。参与完成（或为其负责）主要产品的生产商被认为是在这个协议下合格的单独的许可方。

主要的可能影响产品安全、纯度或效价和我们认为足够发放单独许可步骤包括但不限于下列情形：

● 用于生产的血管或动物的接种；
● 细胞培养生产和表征；
● 发酵和采集；
● 分离；
● 纯化；
● 物理和化学修饰；
● 需要的感染疾病血液和血液成分测试；
● 血液捐赠者招募和捐赠者登记的维护。

即使对于最终产品纯度和完整性很重要但本身通常不会获得独立许可的生产步骤包括：

● 化学和生物学测试，除了血液传染疾病测试；
● 处方；
● 无菌灌装；
● 冻干；
● 贴签。

当任何一个步骤由另一个生产方完成，我们通常将其视为在委托协议下完成。但是我们也承认企业可能通过密集的临床前和临床试验构思和发展创新的产品却限制参与产品生产。因此，如果生产方在产品研发和完成（或负责）数个最终生产步骤如处方、无菌灌装、冻干、贴签、包装和最终放行测试都起重要作用，我们将考虑生产方为合格的独立许可方。

期望签订共同生产协议的生产方根据 21CFR207、607 或 807 部分的注册与列表规定必须在 FDA 注册。

2. 生物制品上市许可申请（BLAs）

每个生产方必须提交单独的 BLA 描述应用于准备生物制品原料或产品的生产设施和操作（21CFR601.2（a））。每个 BLA 必须满足 21CFR601.2 的要求并完整描述：

●参与的生产方完成的生产和检验范围；
●具体标准；
●储存和运输条件；
●生产方法；
●稳定性数据；
●用于检查的产品批；
●伴随产品的标签。

建议所有特定的在共同生产协议下生产的产品许可申请/增补文件同时（例如同一天）提交，这样我们可以通过所有有关申请中的信息决定是否发放生物制品许可，我们能对产品进行完整的审核。

缺少一个或更多相关的申请可能作为拒绝文件提交行为的基础。

请参考关于许可申请中提交 CMC 信息的内容和格式的技术指南。

（1）中间产品

一个普通的共同生产协议中一个生产方负责中间产品并且另一个负责最终产品。中间产品的"用于进一步加工"的申请／增补文件除了 BLA 中的其他信息，必须包括用于逐批确定产品可接受的标准，包括：

●无菌（或微生物含量）；
●稳定性；
●产品表征；
●效价；
●纯度标准。

所有中间品的生产方必须证明其产品能够连续一致地满足建立的标准（21CFR601.2）。

我们打算只接受在共同生产协议中具体表明许可生产方或中间品运往的生产方的用于进一步加工的生物制品 BLAs／增补文件。这些 BLAs／增补文件仅在证明最终产品安全性和有效性后才被批准。

（2）最终产品

我们将只会接受在共同生产协议中具体表明使用的中间产品来源的最终产品 BLAs／增补文件。最终产品的批准取决于建立接收中间体的标准。

我们希望制备（或负责制备）最终用于商业流通产品的生产方承担提供证明最终产品安全、纯度和效价的首要责任。我们也希望许可的最终产品生产方承担任何上市后义务的主要责任，例如21CFR601.12（f）（4）中要求的上市后临床试验、附加的产品稳定性研究、投诉处理、召回、上市后广告普及和推广标签材料报告以及不良反应报告。我们建议最终产品生产方与参与的生产方建立规程以获得这些信息。

（3）每个参与生产方的责任

每个共同生产协议中许可的生产方必须就生产、检验或产品标准（21CFR601.12）中提出的变更通知对应 FDA 中心，并通知其他参与的许可生产方。

我们希望许可生产方有必要的知识和技能以确定生产中的问题或偏差并承担实施预防和纠正措施以保证产品安全有效的责任（21CFR211.25）。

所有的共同生产协议中的参与生产方还必须遵从 21CFR210 和211 部分的记录保管要求以及其他适用的 cGMP 规范。

每个共同生产协议中的持有生物制品许可的生产方都有责任报告在产品控制中的生物制品偏差（21CFR600.14）。

（4）标签

在共同生产协议下生产的产品标签必须符合 21CFR610.60 至610.67 的规定，包括标明所有参与的许可生产方。

FDA 解释了 21CFR610.63 中的分离生产协议以适用超过一个许可生产方生产的产品，包括共同生产协议。在这些情况下，那一部分的包装标签规定要求将名字、地址、最终产品和负责报告不良事件生产方的许可号印在包装外标签上，并将参与共同生产协议的生产方名字、地址和许可号印在产品说明书上。终端用户便可以更加有效地辨认参与生产的公司。

因为许可的中间产品被批准用于进一步加工，我们建议"用于进一步加工"作为专用名称的一部分。如果将其作为专用名称的一部分，这个词组必须出现在每个产品包装的标签上（21CFR610.61），若容器能够容纳整个标签则也应出现在容器标签上（21CFR610.60）。

（二）委托生产协议

出于这份文件的目的，委托生产是指许可生产方与另一个实体签订合同，受托方完成部分或所有产品生产过程作为服务提供给委托方。举例来说，这包括由许可的血液制品企业为另一生产方完成的必需的传染疾病血液和血液成分测试。

参与主要生产的委托生产设施并不需要单独获得许可，与共同生产协议中的要求一样。

1. 许可生产方的责任

与另一实体签订合同完成部分或所有产品生产过程的生产方承担下列责任：

●产品的安全、纯度和效价（PHS 法案；21CFR600 至 680 部分）；

●保证产品的生产符合 BLA 和适用的法规规定，包括但不限于 21CFR210、211、600 至 680 以及 820 部分；

●符合产品和企业标准。

产品和企业标准以及适用的法规包括但不限于如下：

●产品放行和中间控制标准（21CFR211.110 和 610.1）；

●不良反应报告、生物制品偏差报告、医疗器械报告体系（21CFR600.14、600.80、606.171、803.20、803.50 和 803.53）；

●生产和过程控制（21CFR211.100 至 211.115 部分）；

●报告产品工艺和所需设施的变更（21CFR601.12）；

●药品生产主记录、药品控制记录、器械主记录和器械历史记录的维护（21CFR211.186、820.181、820.184）；

●实验室控制，包括流通的测试和放行（21CFR211.160 至 176）；

●提交批放行的协议和样本（21CFR610.2）；

●标签（21CFR201、610.60 至 610.62, 606.120 至 122, 660.2（c），660.28、660.35、660.45、660.55 部分和 801 及 809 部分）；

●保证设备和设施持续的 cGMP 运作（21CFR211 部分, D 子部分）；

●环境监测（21CFR211.42（c）（10）（iv））；

●传染疾病血液和血液成分测试（21CFR610.40）；

●人员培训（21CFR211.25 和 600.10）。

被委托方应该与许可生产方共享所有与生产和设施相关的重要变更（包括引入新产品或检查）。许可证持有者负责向 FDA 报告这些变更（21CFR601.12）。

2. 被委托生产方的责任

因为被委托方参与药物或器械的生产，它必须服从 FD&C 法案中适用的法规规定。

被委托方须按照 PHS 法案 351（c）部分和 FD&C 法案 704（a）部分的要求接受 FDA 检查。生物制品委托生产的设施必须按 21CFR207、607 或 807 部分的注册和列表要求在 FDA 注册。

因为许可生产方必须保证委托生产地点符合适用的产品和企业标准，许可生产方应该获得建筑平面图、设备验证和其他生产信息。许可生产方必须有接受被委托方偏差、投诉和不良事件的程序（21CFR600.14（a）、606.171（a）、803.10）。

我们重申被委托方应该完整地通知许可方所有关于或可能对产品有影响的测试和调查的结果。

我们提醒许可生产方承担适用的产品和企业标准的责任（21CFR600.3（t））。因此，如果许可生产方与被委托方签订了协议，许可生产方必须保证设施满足适用的标准。许可生产方与被委托方的协议通常包括对被委托方设施的合规性的常规评估。这些程序可能包括但不限于记录审核和生产偏差和缺陷以及周期性的审计。

许可生产方应该认识到所有的被委托方都必须遵从 cGMP 规范并且需要自提交时间起接受检查。我们也建议许可生产方获得被委托方的保证，任何 FDA 检查的结果都与许可生产方共享，以评估对许可生产方产品的纯度、效价和安全性的影响。

根据 21CFR200.10，FDA 可以在对被委托工厂遵守 FD&C 法案检查期间披露任何信息。

合规措施，例如撤销许可证，可能因为被委托方未遵从 cGMP 规范或未能完成应该负责的许可要求。

请参阅合适的关于提交 CMC 信息指南文件并且形成许可申请，包括所有委托生产操作的完整描述。

对于每个委托协议，许可生产方的 BLA/ 增补文件都应描述委托生产的产品，包括：

● 产品稳定性和被委托方运出方式；
● 每个参与生产厂家的责任；
● 被委托方的名字、地址、许可证号以及注册号；
● 适用委托生产协议的标准操作规程列表。

不希望向许可生产方提供所有必需信息的被委托方应该考虑共同

生产协议。

3. 主文件

我们建议许可生产方只在关于特定委托生产的专有信息的情况下才交叉引用被委托生产方的主文件，例如：

● 在被委托工厂生产的所有产品列表（在这种情形下许可生产方应该得到所有在被委托工厂生产的产品类别）；

● 非药典测试程序（标准操作规程）（保证许可生产方和 FDA 会得到这些规程变更的通知）。

BLA/ 增补文件可能也参考主文件关于容器的信息。

4. 标签

在委托协议下准备的最终产品标签必须遵从 21CFR610.60 至 610.65 和 21CFR201 及 809 部分中相应规定。因为被委托工厂在许可证持有人的控制下，被委托方身份信息不需要在产品标签上标明。

我们建议用于运输至或从被委托工厂运输出的中间产品的标签包括一个用于进一步加工的陈述。我们建议许可中间产品将"用于进一步加工"作为专有名称的一部分。如果作为专有名称的一部分，这个词组必须出现在每个产品包装容器的标签上（21CFR610.61），若容器能容纳整个标签则也须出现在容器上（21CFR610.60）。许可的中间产品还必须带有美国许可证号（21CFR610.61）。

第四节 | 人用药品和生物制品包装用容器密封系统——问与答

Container Closure Systems for Packaging Human Drugs and Biologics——Questions and Answers

该文件提供《人用药品和生物制品包装用容器密封系统指导原则》的相关问题及答案。这些问题来自于向 CDER 提问的申请人。

1. 指导原则的表 5（III.E.2 部分）提供了针对局部眼用药物盖子和标签的美国眼科学会（AAO）统一色标编码系统的相关信息。请问在何处可以获得有关当前编码系统的信息？

答：有关 AAO 色标编码系统的当前信息可在 AAO 的网站 http：///www.aao.org 中找到（在搜索输入框内输入色标编码）。

2. 指导原则 VI.B 部分提出当容器密封系统用作生产现场的贮存时，通常被认为属于现行药品生产管理规范（cGMP）的问题。可是，该指导原则中却依然提出如果公司计划贮存未包装产品，则应在申报资料中介绍并验证容器密封系统和最大贮存时间。倘若该问题是一个 cGMP 问题，是否需将相关信息包含于申报资料中？

答：除了生物制品或蛋白质药品外，有关用于未包装产品贮存的容器密封系统的信息是不需要包含于申报资料中的。但是容器密封系统应与预期用途相符合。贮存容器的适用性应通过申请人和 / 或生产商提供数据来支持，同时在 FDA 检查时能够提供出这些数据。指导原则 VI.B. 部分提到，对于生物制品和蛋白质药品在包装或者运输之前贮存的容器密封系统，申报资料应提供其包括适用性在内的相关信息。生物制品和蛋白质药品需要提供这些信息的原因是，通常生物制品和蛋白质药品在贮存和运输过程中，其特性、规格、质量、纯度和效价方面发生不良反应的风险更大。

3. 指导原则 VI.B 部分提出未包装产品运送至包装承包商过程中所用的容器密封系统应在申报资料中写明；在 VI.B 节中也提供了关于申报资料中所含信息的建议。但是针对未包装产品的贮存情况提出了不同的建议，并且包括了申请人所有的生产基地和包装基地间未包装产品的运输。请问为什么对于这些相似的情况，所提供的建议却不一样？

答：除了生物制品或蛋白制品外，用于未包装产品和运输（也就是申请人自己的设施间或与承包商设施之间）的容器密封系统的信息是不需要包含于申报资料中的。但是容器密封系统应该与预期用途相符合。贮存容器的适用性应由申请人和 / 或生产商提供的数据来支持，在 FDA 检查时能够提供这些数据。指导原则 VI.B. 部分提到，对于贮存（运输）生物制品和蛋白质药品的容器密封系统，申报资料应提供其包括适用性在内的相关信息。生物制品和蛋白质药品需要提供这些信息的原因在于，通常生物制品和蛋白质药品在贮存和运输过程中，其特性、规格、质量、纯度和效价方面发生不良反应的风险更大。

第五节 | 人用药品和生物制品临床申请中的沟通交流会

IND Meetings for Human Drugs and Biologics

一、简介

本指南为新药临床申请（IND）发起人和药品审评与研究中心（CDER）或生物制品审评与研究中心（CBER）关于化学、生产和控制（CMC）信息举行正式会议提供指导，本指南适用于人用药物和生物制剂的临床研究的申请（统称药品）。

本指南涵盖了申请人和食药监局之间 3 种不同的会议：①新药临床申报前（pre-IND）；②Ⅱ期临床试验结束（EOP2）；③新药上市申请前（pre-NDA）或生物制品许可申请前（pre-BLA）。这些会议可在申请人的要求下召开，以讨论出现在临床调查期间的突出问题和科学问题，这有助于解决问题并促进药物评价。这些推荐的会议经常与药物发展的关键点或者管理过程相一致，但并不是强制性的。如果需要的话，可能会在其他时间要求附加的会议。本指南的目的是当会议讨论 CMC 信息时，通过提供关于目的、会议要求、材料包、格式以及会议的重点这些信息，让这些会议更有效率和效果。

关于会议的一般信息可以在以下文件中找到：

● 食品药品管理现代化法案的 119 章节（PUB.L 105-115）；

● 美国联邦法规 312.47 中关于产品研发会议的规定；

● FDA 颁布的对申办者和申请人关于处方药使用者费用法案的正式会议的行业指南（2000 年 2 月）；

● FDA 关于药物研发项目的设计、实施和评审的快速通道（1998 年 11 月）；

● CDER 的政策程序手册（MAPP 4512.1）和 CBER 标准操作和要点手册（SOPP）8101.1 中关于 FDA 与外部机构举行正式会议的政策和程序。

二、一般原则

本指南中提供的 Pre-IND、EOP2 和 Pre-NDA 会议的一般原则总结了在"一、"中列出的有关在正式会议和快速通道药品研发的指南中讨论的信息，并且补充了关于 CMC 的信息。

（一）会议目的

申办者和 CDER 或 CBER 会谈 CMC 信息的目的根据研究所处的不同阶段而有所差异。临床前研究申请的目的是讨论 CMC 问题，因为它们涉及到早期临床研究应用中研究新药的安全性。EOP2 会议的目的是评估 CMC 计划和方案以确保在三期临床研究中得到有用的数据以支持计划中的上市申请程序。然而，在所有阶段的研究中，安全问题仍然是一个值得考虑的重要因素。新药上市申请前或者生物制品许可申请前的会议的目的是讨论文件和格式问题。在某些情况下，也可进行其他类型的会议，如快速通道药物1期临床结束（EOP1）会议或在三期临床研究过程中讨论影响之前商定的战略新协议或变化内容。

（二）会议要求

对于书面申请会议的程序的基本资料，申办者可以参考在"一、"部分列出的法规、政策和指南。请求必须包含上市程序这一特定的目标或预期结果的会议，包括CMC相关问题的清单。

（三）材料包

申办者应该准备一个材料包，其中包括有关的CMC信息的简要总结、研发现状以及该药物的未来发展计划和时间线。与CMC相关的问题应在材料包中以最终形式分组并确定出来。这些问题应该是具体的、全面的、精确的，尽可能识别关键问题。问题应以与申请中的一个典型的CMC章节主题顺序相同的顺序列出，或以能帮助信息审评的其他形式列出。申办者应在材料包中提供关于药物的足够CMC背景信息，以便该机构解决具体问题。申办者应该调整议程和材料包的内容，加快会议上的材料审核和讨论。如果需要提供数据时，申办者应提供汇总的数据（例如表格、图表、图形等）。

（四）会议形式

1. 多学科的会议

在临床研究申请之前，会议的形式一般是多学科的，涉及临床、药理、药代动力学、化学、微生物学、统计以及其他学科的机构人员。在多学科会议期间,应分配足够的时间来讨论 CMC 的问题。特别重要的是与 CMC 相关的并会影响其他学科的问题。申办者可以提供一个简短描述 CMC 信息的介绍,但是大多数的会议时间都分配给 CMC 用于讨论具体的 CMC 问题。代表申报者和机构的有关技术专家(例如化学家、微生物学家、生物学家)应出席所有讨论 CMC 问题的会议。

2.CMC 专业会议

在适当的情况下,除了可以选择多学科形式以外,也可以举办一个单独的 CMC 专业会议。例如,CMC 专业会议鼓励讨论 CMC 的问题,这些问题过于宽泛和细致,以至于在多学科会议上无法得到充分讨论,或在其他方面超出了多学科会议的范围。

(五)会议重点

会议应主要侧重于解决材料包中列出的具体问题。机构可能还希望讨论有关安全或科学和 / 或药物监管各方面的问题(见"三、""四、""五、")。这些问题可能来自机构的指导性文件、审核部门的经验、生产行业经验或科学文献。在一个特定会议上讨论的实际问题,将具体到申办者、药物、合成或分离的路线、剂型、配方、稳定性、给药途径、给药频率或间隔时间。

以下章节对 3 种基本类型会议,即 IND 提交前会议、EOP2 会议、新药上市申请或生物制品许可申请提交前会议,以及在每次会议中提到的关于 CMC 问题的例子提供了具体指导和的更详细信息。

三、IND 提交前会议

（一）会议目的

相对于 CMC 信息，IND 提交前会议第一或第二阶段的目的是讨论与临床药物的正确鉴别、浓度、质量、纯度和效价相关的安全问题，并识别潜在的临床问题。当这个项目非常简单时，往往不需要在 IND 提交前阶段进行关于 CMC 信息的会议。

（二）会议要求、材料包和形式

见"二，"部分的关于会议要求、材料包和会议形式的一般原则。

（三）会议重点

IND 提交前会议应重点关注临床试验相关的具体问题。会议还应包括对药物的各种科学和监管方面的讨论，因为这些问题与安全性和 / 或潜在的临床研究中问题有关。可能会在 IND 提交前会议讨论的 CMC 的问题包括但不限于：

● 物理、化学和 / 或微生物学特性；
● 生产商；
● 来源和制备方法；
● 有毒试剂的去除；
● 质量控制（鉴别、含量测定、纯度、杂质谱）；
● 处方；
● 灭菌工艺（如无菌工艺、无菌放行、内毒素检查，如适用）；
● 药理 / 毒理试验批与临床试验批的关联；
● 稳定性信息。

对传统合成药物的安全问题的讨论通常是简短的。对于某些类型的药物，如生物技术药物、生物药物、天然产物、复合剂型以及和药物设备的组合，可能适合进行更详细的 CMC 信息的讨论。详细讨论的例子可能包括但不限于：

● 来源于人体的药物（例如合适的捐赠者的组织、血液或其他液体的筛选程序，去除或灭活的外源性物质（例如病毒、细菌、真菌、支原体））；

● 来源于动物的药物（例如去除或灭活的外源性物质，没有传染性海绵状脑病认证）；

● 生物技术药物，特别是从细胞系来源的 rDNA 蛋白质（例如细胞库的表征充分性、细胞系潜在污染、去除或灭活的外源性物质、产品潜在的抗原性）；

● 植物药（例如原料来源，无掺假）；

● 来自动物或细胞系的试剂（与来源于动物细胞或细胞系的药物相同）

● 新型药用辅料；

● 新剂型（例如特性、潜在速释、如适用）；

● 药物装置输送系统（例如设备演示及其特性、潜在速释、粒度分布的考虑，如适用）。

四、Ⅱ期临床试验结束会议

（一）会议目的

相对于 CMC 信息，EOP2 会议的目的是给申办者和审查部门一个机会解决以下问题：①评价药物开发计划的最新成果；②讨论申办者的计划和与协议相关的规定、指导原则和机构的政策；③若可能，在三期研究开始之前，发现安全问题、科学问题或潜在的问题并解决这些问题；④确定额外的重要信息来支持上市申请。EOP2 会议的 CMC 部分在申办人和化学审查小组之间起一个关键交互的作用，以确保在三期研究中得出有意义的数据。它的目标是在早期阶段确定潜在的障碍，取得进一步进展，从而减少计划中的上市申请的审查周期。虽然 EOP2 会议对于所有的药物都很重要，但是对新分子实体、生物技术药物、生物药、天然产品、复杂的剂型和药物输送系统最为重要。

（二）会议要求、材料包和形式

见第 "二、" 部分的会议要求、材料包和会议的形式的一般原则。可以举行一个多学科 EOP2 会议或一个 CMC 专业 EOP2 会议。如果要举行一个 CMC 专业会议，最好在临床问题会议之前或之后立即召开。在适当的情况下，这种 CMC 专业会议在Ⅲ期临床试验期间进行，但会议时间要放在Ⅲ期生产规模放大和变更之前。

（三）会议重点

该 EOP2 会议（第二次结束会议）应将重点放在规划的三期研究的具体 CMC 问题上。通常情况下，会议还将包括讨论确定附加信息以支持上市申请。可以在 EOP2 会议上讨论的 CMC 问题的例子包括但不限于以下方面。

1. 所有的药物

● 独特的物理化学（例如多态性形式，对映异构体）和生物学特性；

● 充足的理化特性研究；

● 起始物料的名称；

● 协调所有活动，包括 DMF 持有人、其他承包商和供应商的全面合作，以支持计划好的新药上市申请和生物制品许可申请；

● 杂质的鉴定（Ⅰ期 / Ⅱ期的更新）；

● 去除或灭活的外源性物质（Ⅰ期 / Ⅱ期的更新，如适用）；

● 方法规范（例如检测项目、分析程序和标准限度）；

● 协调申办者和机构的化学家、药代动力学家，建立适当的溶出度试验程序（特别是溶出度试验将包括在稳定性研究方案中，如适用）；

● 具体考虑专门的输送系统的容器 / 密闭系统组件，例如定量雾化吸入器、干粉吸入器、一次性笔式注射器、皮肤贴片或其他新剂型；

● 灭菌工艺验证方法或者合适的容器密封挑战测试；

●适用的设备（如泵、阀、筒式喷射器、制动器）；

●合适的稳定性协议以支持Ⅲ期研究和计划好的新药上市申请或生物制品许可申请；

●从二期研究到 NDA 或 BLA 之间可能发生的主要 CMC 变化，包括产地的变化，这些变化的影响，以及计划的可比性和 / 或衔接实验的适用性；

●适当的考虑环境因素；

●识别任何其他的 CMC 问题，包括生产基地，引起申办者和机构注意力的新政策和其他问题。

2.rDNA 蛋白质生物技术药物

除了在以上"1."部分列出的问题，在 rDNA 蛋白生物技术药物的 EOP2 会议上论述的 CMC 问题包括但不限于：

●充分的物理化学和生物特征（例如肽图、氨基酸序列、二硫键、高阶结构、糖基化位点和结构、其他转录后修饰，以及针对尚未完成研究的完成计划）；

●生物分析（例如适当的方法、特异性、精确性）；

●足够的细胞库表征（例如Ⅰ期 / Ⅱ期的更新，针对尚未完成研究的完成计划）；

●去除产品和生产过程中相关的杂质（例如错误折叠的蛋白聚集

体，宿主细胞蛋白、核酸）；

● 与目标产品相比，相关物质和相关杂质的相对生物活性。

3. 传统的生物制剂

除了在以上"1.""2."列出的问题，可以在 EOP2 会议上提出的传统的生物制剂（例如非重组疫苗和血液制品）的 CMC 问题包括但不限于：

● 设施设计的协调；
● 工艺验证的考虑；
● 效价测定；

（四）后续会议

在三期研究中，出现影响药物开发计划的新问题，可能需要进行后续会议。后续会议可用来讨论以前 EOP2 会议中讨论过的计划的主要变化，或解决潜在的问题和 / 或申报资料被拒的问题。

五、新药上市前申请或生物制品许可申请前的会议

（一）会议目的

新药上市申请 / 生物制品许可申请提交前会议的目的是讨论文件和格式问题。新药上市申请 / 生物制品许可申请提交前会议的 CMC 部分在评审团队和申办者之间起一个关键作用，确保提交一份组织良好的并且完整的新药上市申请或者生物制品许可申请。

（二）会议要求、材料包和形式

见第"二、"部分节对会议要求、材料包和形式的一般原则。新

药上市申请提交前会议或生物制品许可申请提交前会议应该是在新药上市申请或生物制品许可申请计划提交日期前大约 6 个月召开。

（三）会议重点

新药申请 / 生物制品许可申请提交前的会议应重点解决有关档案格式的具体问题。通常情况下，会议还讨论造成申请被拒和阻碍审评程序问题。可能会在新药上市申请 / 生物制品许可申请提交前会议上讨论的 CMC 问题包括但不限于：

● 对提出的 NDA 或 BLA 提交格式的讨论，包括是否会提交电子版文件；

● 确认所有在 EOP2 会议上的重要问题或随后提出的在 NDA 和 BLA 中将要被充分解决的问题；

● 保证协调好支持 NDA 或 BLA 的所有活动，包括完整并及时的协调 DMF 持有人或其他承包商和供应商的合作；

● 讨论在三期临床研究中药品的生产、配方和包装之间的关系，并确保在 EOP2 会议商定的相容性或衔接研究已经很好地完成；

● 确保提交材料包括 EOP 会议上商定的稳定性方案的稳定性数据；

● 在 NDA 和 BLA 提交时，确认所有的设施（例如生产、测试、包装）都已准备好接受检查；

● 应提醒该机构或申办者关注的其他事项、潜在问题或管理问题。

第六节 | 人用药品和生物制品包装用容器密封系统指导原则

Container Closure Systems for Packaging Human Drugs and Biologics

一、简介

本文件为提交人用药品与生物制品所用包装材料信息提供指导。本文件替代 FDA 于 1987 年 2 月发布的关于提交人用药品和生物制品包装资料的指导原则和仿制药办公室于 1995 年 6 月 30 日向行业发布的包装政策声明。本指导原则并非阐述与制剂生产有关的包装操作应提供的信息。

可以采用与本指导原则不同的方法，但建议申请人提前就重大的差异与 CDER 化学审评员或 CBER 审评员进行讨论。这是为了避免申请人花费无谓的时间和精力去准备可能不被 FDA 接受的资料。

二、背景

《联邦食品药品和化妆品法案》（以下简称"法案"）要求必须提供包装材料的充分信息。法案第 501（a）（3）部分规定，"如果某个药品容器的整体或部分含有毒或有害物质，可能有害健

康 ...”，则该药为劣药。此外，法案第 502 部分规定，如果某药品的包装漏印，则被认为是假冒药品。另外，法案第 505 部分要求详细描述包装药品所使用的方法以及用于药品包装的设施设备及控制措施。

法案第 505（b）（1）（D）部分规定，申请人应完整描述药品的生产、加工和包装过程中所采用的方法。其中包括药品包装所使用的设备和控制措施。

（一）定义

组成材料指的是用来生产包装组件的物质[例如玻璃、高密度聚乙烯（HDPE）树脂、金属]。

包装组件是指容器密封系统的任何一个组成部分。典型的组件有容器（例如安瓿、西林瓶、瓶子）、容器衬垫（例如管衬）、密封件（例如螺旋盖、胶塞）、密封件垫片、胶塞顶封、容器内封、输液口[例如大容量注射剂（LVP）]、外包装、辅助给药程序和容器标签。主要包装组件指的是与药物直接接触或可能直接接触的包装组件。次级包装组件指的是不与药物直接接触的包装组件。

容器密封系统是指共同盛装和保护制剂的所有包装组件。如果次级包装组件具有为药品提供额外保护的功能，则容器密封系统包括主要包装组件和次级包装组件。包装系统等同于容器密封系统。

包装或上市包装是指容器密封系统和标签、相关配件(例如量杯、滴管、药匙) 和外包装 (例如纸箱或热缩塑料包装)。上市包装是指提供给药师或零售消费者的包装，不包括专门用于运输的包装。

质量是指一种药品若被认为具有治疗或诊断用途时，它所具有的物理、化学、微生物、生物、生物利用度和稳定性方面的品质。在本指导原则中，该术语还可理解为安全性、鉴别、规格、质量和纯度等性质 [请见 21 CFR 211.94（a）]。

提取谱是指对从包装组件中提取的物质进行分析（通常采用色谱方法）。提取谱是每种物质被检测出的量。

（二）cGMP、CPSC 和 USP 对包装用容器密封系统的要求

cGMP 对药品包装容器的要求在 21 CFR 第 210 和 211 部分。相关部分的列表见原指南附录 A。此外，原指南附录 B 列出了涉及包装问题的政策指南。原指南中有关 cGMP 的参考文献，有助于完整地理解相关要求。更多的信息请参考 FDA 关于批准前检查 / 调查的合规性指导手册（7346.832），它描述了 CDER 科学家和地区检查员的具体职责。

FDA 关于保险包装的要求列在 21 CFR 211.132 中，消费品安全委员会（CPSC）关于儿童安全盖的要求列在 16 CFR 1700 中。这些法规要求以及其他相关法规要求的要点见原指南附录 A。

美国药典会已经制定了药物容器相关的要求，在《美国药典 / 国家处方集》（USP/NF）收载的药品专论中有所阐述。对于胶囊剂和片剂，这些要求一般与容器的设计特性有关（例如，紧密的、密封良好的或避光的）。对于注射剂，还对包装材料进行了要求（例如 "用单剂量或多剂量容器储存，优先选择 I 类玻璃，避光"）。这些要求详见 USP "凡例和要求" 项下（保存、包装、贮藏和标签）部分。关于包装材料的要求，USP 的 "通则" 中有详细说明（详见原指南附录 A）。

（三）其他需要考虑的因素

1.INDs 的提交

IND 的 CMC 部分的包装信息通常应提供以下概述，包括包装组件、组装后的完整包装系统以及确保原料药和制剂在临床试验期间完好保存的所有注意事项。

I 期临床试验需提交的容器密封系统信息的指导原则，请参考 FDA 行业指南《关于新药（包括良好治疗效果的生物制品）I 期临床试验（IND）申报资料的内容和格式要求》（1995 年 11 月）。新药 II 期或 III 期临床试验需提交的容器密封系统信息的指导原则，将发布在最终版 FDA 行业指南《关于新药（包括良好治疗效果的生物制品）II 期或 III 期临床试验（IND）申报资料的内容和格式要求》（草案于 1999 年 4 月 21 日发布）。

2. 由其他公司包装制剂的申报资料要求

（1）合同包装商

合同包装商是指受申请人委托，代为包装药品的公司。申请人对制剂运输、储存和包装期间的质量负责。

与申请人自己包装药品相同，合同包装商所使用的容器密封系统的相关信息，须包括在 NDA、ANDA 或 BLA 申报资料的 CMC 部分或引用的 DMF 文件中。如果需引用 DMF 文件，申报资料中应提供相应 DMF 的授权书 LOA（详见第"五、（一）"部分）。

（2）重包装商

重包装商是指从制剂生产厂或经销商处购买制剂，经重新包装，标签标注新厂后，再进行销售的公司。重包装商对该药品的质量和稳定性负责。重新包装的操作要求须符合 cGMP（21 CFR 第 211 部分）的要求，并且 cGMP 还对重包装产品的有效期有规定，除非重包装商重新进行稳定性研究。如果重包装商使用与原包装相同的容器密封系统，则不要求提供包装容器的合格性确认信息。药品生产和加工的所有重要流程（包括包装），须包括在 NDA、ANDA 或 BLA 申报资料的 CMC 部分或引用的 DMF 文件中。唯一例外的情况是固体口服制剂的重包装步骤，因为其注册申请已经被批准。对于生物制品，重新包装步骤被认为是生产工艺中的一部分，需要得到批准（21 CFR 第 600.3（u）和 601 部分）。

三、包装组件的合格性确认和质量控制

（一）简介

药品或生物制品的包装用容器密封系统作为药品或生物制品 NDA、ANDA 或 BLA 申请的一部分由 CDER 和 CBER 批准。被批准用于某种药品的包装系统，并不一定适合其他药品。每个申请均应提供足够的信息来证明既定的容器密封系统及其组件适合其预期用途。

申请资料中所提供信息的类型和程度取决于剂型和给药途径。例如，注射剂或吸入制剂用的包装系统应当提供的资料通常比口服固体制剂用包装系统所提供的信息要更详细。因为液体制剂更可能与包装组件发生相互作用。表 6-1 列出了与不同给药途径的相关程度和包装组件 – 制剂相互作用可能性之间的关系。

表 6-1 常用制剂的包装容器关注度分级

与给药途径的相关程度	包装组件与制剂相互作用的可能性		
	高	中	低
最高	吸入气雾剂和溶液；注射液和注射用混悬液 *	无菌粉末和注射用粉末；吸入粉末	
高	眼用溶液和混悬液；透皮软膏剂和贴剂；鼻用气雾剂和喷雾剂		
低	局部用溶液和混悬液；局部用和口腔气雾剂；口服溶液和混悬液	外用粉末；口服粉末	口服片剂和口服胶囊（硬胶囊和软胶囊）

*注：表格中混悬液是指 2 个非混溶相（例如液相中的固相或液相中的液相）的混合物。同样，它包括各种剂型，例如乳膏剂、软膏剂、凝胶剂和乳状剂以及药用意义的混悬剂。

本指导原则将对最常用剂型的容器密封系统，按照 5 种基本类型进行讨论：吸入制剂（第"三、（四）"部分）；注射剂和眼用制剂（第"三、（五）"部分）；口服液体制剂和局部用药制剂以及局部给药系统（第"三、（六）"部分）；口服固体制剂和复溶用粉末（第"三、（七）"部分）；其他剂型（第"三、（八）"部分）。

（二）一般要求

适用性指的是为证明组件或容器密封系统适用于预期用途而开展的符合事先确定指标的一系列测试和研究。质量控制（QC）是指在申请被批准后所采用并认可的一系列典型测试，以维持组件或容器密封系统能持续具备在适用性研究中所拥有的特性。"相关配件"和"次级包装组件"两小节阐述了为确定这些类型的组件的适用性和质量控制而进行的测试和研究。但是容器密封系统和包装工艺的适用性最终要通过完整的长期稳定性试验来确定。

1. 预期用途的适用性

每个拟采用的包装系统应证明适合其预期用途：须充分保护该制剂；应当与该制剂相容；在保证该制剂的使用和特定给药途径下，其组成材料须安全。如果包装系统有除盛装该制剂外的其他功能，应证明装配后的容器密封系统可以正确发挥作用。

用于证明包装适用性的资料，可由申请人或使用材料及组件的供应商提供，也可以由他们的合同实验室提供。应当提供以下详细资料：试验、方法、接受标准、标准品和方法验证。上述资料可放在申报资料中直接提交，也可通过引用 DMF 而间接提交。如果引用了 DMF，申报资料中必须附上 DMF 的授权书（LOA）（请见第"五、（一）"部分）。

下面将阐述包装组件和 / 或系统相关的保护性、相容性、安全性和性能的一般关注点。在本指导原则中，也将结合特定的剂型和给药途径对组件功能和给药系统一并进行阐述（见第"三、（四）~（八）"部分）。

（1）保护性

容器密封系统应为制剂提供充分的保护，以保证该制剂在有效期内避免一些因素（例如温度、光）的影响而导致质量下降。引起质量下降的因素通常有：光照、溶剂损失、接触活性气体（例如氧气）、吸收水蒸气和微生物污染。还可能因为受到污染而造成无法接受的质量损失。

并非所有药品都易于受上述因素影响导致质量下降，不是所有药品都具有光敏性，不是所有片剂都会因吸收水分而导致质量下降，液体制剂大多对氧气敏感。对于某一特定制剂，可以通过实验室研究来确定哪些因素会影响药品质量。

避光保护常用不透明或棕色容器或采用不透明的次级包装组件（例如纸箱或外袋）。USP 透光检查（USP <661>）是评价容器透光性的公认标准。在贮藏期间，固体和口服液体制剂常因为不透明外包装组件被去除而发生暴露于光照的情形，与标签和 USP 专论的要求不符合。因此，公司在必要时，须考虑采用附加或替代措施为这些药品提供避光保护。

溶剂损失常在包装于可透过性屏障容器内（例如聚乙烯容器）通过密封不当或泄漏的情况发生。泄漏可能是因为粗暴操作或容器和密封件之间结合不紧密（例如由于储存期间压力增大）。泄漏还可能发生于管状容器中，原因是焊封处有裂缝。

水蒸气或活性气体（例如氧气）可能通过可透过性容器表面 [例如低密度聚乙烯（LDPE）瓶壁] 或通过密封处慢慢扩散而穿过容器密封系统。塑料容器易于发生上述两种情况。玻璃具有相对不可透过性，玻璃容器似乎能提供更好的保护，但只有在玻璃容器和封盖良好密封时才更有效。

包装系统密封后，容器充分密闭以避免微生物的污染。制剂的生产和包装过程中须使用恰当的、经验证过的方法。

（2）相容性

与制剂相容的包装组件不应发生导致制剂或包装组件不合格的相互作用。

相互作用的情形有：因吸附和吸收原料药或由于从包装组件中迁移出来的化学成分引起原料药降解而导致效价损失；因吸附、吸收或迁移物诱导的降解引起赋形剂浓度降低；沉淀；制剂 pH 变化；制剂或包装组件变色；或者包装组件脆性增大。

有些相互作用可在容器密封系统及其组件的合格性研究中发现。有些相互作用则只有在稳定性试验中得以发现。因此，不管是为初次申请、补充申请进行的稳定性试验，还是为满足上市后承诺而进行的稳定性试验，都应对稳定性试验过程发现的、可能由于制剂和包装组件间相互作用的而引起的任何变化进行研究并采取适当措施。

（3）安全性

包装组件应由不会迁移出有害或过量物质的材料组成，避免患者在接受该药品治疗时暴露于上述物质。这一点对于那些直接接触药品的包装组件尤为重要。此外，任何有可能迁移到制剂中的其他组件也适用于此要求（例如油墨或黏合剂）。

确定包装组件所使用的生产材料按其预期用途是否安全并不是一个简单的过程，现在还没有建立一个标准化的方法。但是根据给药途径和组件与制剂间发生相互作用的可能性，有大量的经验可以支持某些方法的应用（表 6-1）。

对于注射剂、吸入剂、眼用制剂或透皮制剂等药品，需要进行综合研究。这包括两个部分：首先，对包装组件进行提取物研究，以确定哪些化学物质可能迁移到制剂中（以及迁移物浓度）；其次，对这些提取物进行毒理学评估，以确定标签指定给药途径下的安全暴露水平。美国食品安全与应用营养中心（CFSAN）采用这一方法来评估一些间接食品添加剂（例如食品包装可能使用的聚合物或添加剂）的安全性。

提取物的毒理学评估，应以良好的科学原则为基础，并考虑具体的容器密封系统、药品处方、剂型、给药途径和给药方案（慢性或短期给药）等。

对于许多注射剂和眼用制剂（见第"三、（五）"和"三、（六）"部分），USP 生物反应性试验和 USP 注射剂人造橡胶密封塞测试所获得的数据一般作为材料安全性的充分证据。

对于许多口服固体和液体制剂，恰当引用 CFSAN 为包装组件所用的材料而发布的间接食品添加剂条例（21 CFR 174 – 186），通常被认为已足够。虽然这些条例并非专门适用于药品的包装材料，但其中根据食品包装的特定用途而制定的纯度标准和限制性要求，可能在评价药品包装组件时被接受。申请人须注意，此方法不适用于预期长期使用的口服液体剂型（见第"三、（六）1."部分）。

对于正在进行临床试验的药品，如果不存在与包装容器相关的不良反应，即可视为材料安全性的支持证据。

具体剂型的安全性评价将在本指导原则的第"三、"部分进一步讨论。

（4）性能

容器密封系统的功能性是指其按照设计方式发挥作用的能力。容器密封系统通常不仅仅要求盛装制剂，在评价功能性时，主要考虑容器密封系统的功能性和药物递送能力两个方面。

1）容器密封系统功能性

容器密封系统常设计有一些功能，如改善患者的依从性（例如含计数器的瓶盖）、减少浪费（例如双室瓶或输液袋）、方便使用（例如预灌封注射器）等。

2）药物递送

药物递送是指包装系统能按照说明书的要求输出一定量制剂或以一定速度输出制剂的能力。一些具有药物递送功能的包装系统有预灌封注射器、透皮贴剂、定量管、滴管或喷雾瓶、干粉吸入器和定量吸入器。

当包装系统达不到设计要求时，将影响包装系统的功能性和 / 或药品递送。原因可能是使用不当、设计缺陷、生产缺陷、装配不当或者使用中磨损或破裂。包装系统的药物递送和功能性相关的测试标准和限度应与特定的剂型、给药途径和设计性能相匹配。

（5）总结

表 6-2 总结了常见类型药品的包装适用性的考虑要点。

表 6-2 常见类型药品包装适用性的考虑要点

给药途径 / 剂型	适用性[1]			
	保护性	相容性	安全性	性能 / 药物递送
吸入气雾剂和溶液，鼻腔喷雾剂	L, S, M, W, G	情况 1c	情况 1s	情况 1d

续表

给药途径 / 剂型	适用性[1]			
	保护性	相容性	安全性	性能 / 药物递送
吸入粉末	L, W, M	情况 3c	情况 5s	情况 1d
注射液，注射用混悬液[2]	L, S, M, G	情况 1c	情况 2s	情况 2d
无菌粉末和注射用粉末	L, M, W	情况 2c	情况 2s	情况 2d
眼用溶液和混悬液	L, S, M, G	情况 1c	情况 2s	情况 2d
局部给药系统	L, S	情况 1c	情况 3s	情况 1d
局部用溶液和混悬液，局部用和口腔用气雾剂	L, S, M	情况 1c	情况 3s	情况 2d
局部用粉末	L, M, W	情况 3c	情况 4s	情况 3d
口服溶液和混悬液	L, S, M	情况 1c	情况 3s	情况 2d
口服粉末	L, W	情况 2c	情况 3s	情况 3d
口服片剂和口服（硬和软）胶囊剂	L, W	情况 3c	情况 4s	情况 3d

注：①如果药品设计有特殊的功能（例如含计数器的瓶盖），则不论是什么剂型或给药途径，都要证明包装系统能正常发挥此功能，这点须注意；

②关于术语混悬剂的定义，请见表 6-1 的表注。

表 6-2 中代码的含义如下。

保护性：

L（避光，如适用）；

S（避免溶剂损失 / 泄漏）；

M（避免无菌制剂或有微生物限度的制剂受到微生物污染）；

W（避免水蒸气影响，如适用）；

G（避免活性气体影响，如适用）。

相容性：

情况 1c：液体制剂，可能会与容器密封系统组件发生相互作用（请见第"三、（二）1."中有关例子）。

情况 2c：待溶解的固体制剂；在溶解后极可能与其容器密封系统组件发生相互作用。

情况 3c：固体剂型，与其容器密封系统组件发生相互作用的可能性较低。

安全性：

情况 1s：通常提供 USP 生物反应性测试数据，提取 / 毒理学评估，可提取物的限度和可萃取物的批间监测。

情况 2s：通常提供 USP 生物反应性测试数据，可能需提供提取物研究 / 毒理学评估报告。

情况 3s：通常以水为介质的制剂，合理引用间接食品添加剂条例就足够了。非水介质或含有助溶剂的水介质制剂，一般要求提供额外的适用性信息（见第"三、（六）"部分）。

情况 4s：通常合理引用间接食品添加剂条例就足够了。

情况 5s：通常除口腔接触组件外（应提供 USP 生物反应性测试数据），所有组件可合理引用间接食品添加剂条例。

性能：

情况 1d：经常要关注。

情况 2d：可能要关注。

情况 3d：很少关注。

2. 包装组件的质量控制

申报资料除提供证明拟用容器密封系统适合其预期用途的数据外,还应提供保证包装组件质量一致性的质量控制方法(见第"三、(三) 3."部分)。这些质量控制方法的目的是避免批准后发生包装组件的生产工艺或材料非计划的变更, 同时防止对制剂的质量造成不良影响。

通常主要考虑的是物理特性和化学组成的一致性。

（ 1 ）物理特性

所关注的物理特性包括尺寸标准（ 例如形状、口径、壁厚、设计公差 ）、包装组件连续生产的关键物理参数（ 例如单位重量 ）, 以及性能特征（ 例如定量阀输送体积或注射器活塞滑动性 ）。如果尺寸参数的异常变化未被检测到, 则可能会影响包装的渗透性、药物递送性能或容器与封盖间密封性。任何能够影响制剂质量的物理参数的变化, 均被视为重大的变化。

（2）化学组成

包装材料的化学组成可能会影响包装组件的安全性。新材料可能导致新物质迁移到制剂中或造成已知提取物含量的变化。化学组成还可以通过改变流变学特性或其他物理性质（例如弹性、耐溶剂性或透气性）而影响包装组件的相容性、功能性或保护性。

化学组成的改变可能是由于配方或加工助剂（例如使用不同的脱模剂）的变化引起的，也可能是使用新供应商的原料造成的。与纯化学品供应商的变化不同，聚合物材料或生物来源材料的供应商改变，很可能导致意外的组成变化，因为聚合物材料和天然材料通常是复杂的混合物。生产工艺的变化也可能导致组成变化，例如使用不同的操作条件（如固化温度的显著改变），或者采用不同的设备，或二者均不同。

配方变更可视为包装组件质量标准的变更。包装组件的生产厂改变配方后，应向购买该组件的公司报告，并且修改相关的 DMF 文件。然后按照 21 CFR 314.70（a）或 601.12 的规定，购买该组件的公司须提交相关药品的变更报告。包装组件的原料或中间体生产厂，应当通知其客户拟变更的配方或生产工艺，并在实施这类变更前更新其 DMF。看起来无关紧要的变更可能会对上市药品造成意外的后果。

用稳定性研究方法来监测容器密封系统的质量一致性、与制剂的相容性和对制剂提供的保护程度，通常是可接受的。关于安全性，目前还没有监测包装系统和组件安全性相关的通用政策。唯一例外的是吸入制剂须常规每批监测聚合物和人造橡胶组件的提取物特性。

3. 相关配件

相关配件是一般用来将制剂输送给患者的包装组件，但在其整个有效期内存放时不与药品接触。这些配件在上市包装中独立包装，在容器打开时连接到容器上，或仅在给药时使用。量勺、量杯、定量注射器和给药管是典型的一些仅在给药过程中接触制剂的例子。与密封件结合的手动泵或滴管是从打开包装系统到完成给药方案期间接触制剂的例子。

根据具体的药品以及组件在药品中的实际应用，完整装配的组件及其部件应符合适用性标准（见第"三、（二）1."和"三、（二）2."部分）。安全性和功能性是确定适用性最常见的考虑因素。

在评估配件的适用性时，还应考虑相关组件与制剂直接接触的时间长短。

4. 次级包装组件

与主要包装和相关配件不同，次级包装组件不与制剂接触。例如纸箱（一般由纸或塑料制成）和外包装（可能由单层塑料或金属箔材、塑料和／或纸制成的板材构成）。

次级包装组件一般起到以下一种或多种额外功能。

（1）避免水汽或溶剂过多地透过包装系统。

（2）避免活性气体（空气中氧气、顶端填充气体或其他有机蒸气）过多地透过包装系统。

（3）为包装系统提供避光保护。

（4）保护易变形的包装系统，或为包装系统免受粗暴操作而提供额外保护。

（5）避免微生物污染的额外措施（即通过维持无菌状态或避免微生物侵入包装系统）。

申请资料中提交的容器密封系统信息，重点通常是主要包装组件。对于次级包装组件，大概描述即可，除非该组件用来为制剂提供某些额外的保护措施。在这种情况下，应提供更完整的信息和数据，以证明次级包装组件确能提供额外的保护（见第"三、（二）1."和"三、（二）2."部分）。

由于次级包装组件不与制剂接触，因此通常较少关注它们的组成材料。但是如果包装系统相对有透过性，则制剂被污染的可能性就增加。污染的来源有油墨和黏合剂，或次级包装中存在的挥发性物质（例如，发现 LDPE 瓶内包装的溶液被盛装它的次级包装的挥发性成分污染）。在这种情况下，应将次级包装组件视为潜在的污染源，并应考虑其组成材料的安全性。

（三）为支持任何药品的初次申请而应提交的资料

申请资料（NDA、ANDA 或 BLA）CMC 部分中应当提供的其他资料相关的信息和讨论，见原指南附录 E 列出的指导原则。

1. 说明

申报资料的 CMC 部分应当提供整个容器密封系统的总体说明。此外，申请人还应提供包装系统每个组件的以下信息：

（1）产品名称、产品代码（如果有的话）、生产商名称及地址、包装组件物理特征（例如型号、大小、形状和颜色）。

（2）组成材料（即塑料、纸、金属、玻璃、人造橡胶、涂料、黏合剂和其他此类材料）的特征性信息，即可以通过特定的特征性信息（代码名称和/或代码编号）和来源（生产商名称）进行材料的识别。还应提供可替代组成材料的信息。消费后回收的塑料，不能用于主要包装组件的生产中，如果用于次级包装或相关配件，则应提供该材料可用于预期用途的安全性和相容性依据。

（3）申请人应当说明对包装组件进行的任何加工或处理过程（例如洗涤、覆层、灭菌或去热原）。

2. 关于适用性的资料

（1）为了确证安全性和保证质量一致性，应提供生产包装组件的每种材料完整的化学组成。

（2）应提供适当的合格性确认试验和鉴别试验的结果。应当提供充分的试验、方法、接受标准、标准品和验证信息。

关于保护性，一般认为 USP 关于透光性、透湿性、微生物限度和无菌的检查（请见原指南附录 A）就足够了。USP 规定的其他试验（例如透气性、溶剂泄漏及容器完整性）也可能是必要的。

关于安全性和相容性，对于可能与包装组件发生相互作用并把提取物带入患者体内的制剂，应当提供提取物研究 / 毒理学评估的报告，以说明其安全性和相容性（见表 6-1）。对于不太可能发生相互作用的制剂，可以使用其他试验（例如 USP 生物反应性试验）

或文献（例如合理引用 21 CFR 174 – 186 项下间接食品添加剂条例）来说明安全性和相容性问题（见表 6-2）。例如，合理引用间接食品添加剂条例对于固体口服制剂一般就足够了。

对于性能，如果测试和接受标准与其预期目的相匹配，则 USP 和非 USP 的功能性检查结果足以说明。

用 UPS 规定的测试方法来建立组成材料或包装组件的特性检查和特征鉴别方法，通常被认为是充分的。

对于非 USP 规定的测试方法，申请人应提供该测试方法的依据，完整并详细地描述试验过程并解释本试验的目的。如果 USP 有相应的检查法，应提供两种方法的对比数据。所提供的支持性数据应包括：该测试对其预期用途的适用性及其方法学验证。

装配后容器密封系统的测试通常由申请人（或申请人委托的检测实验室）进行，并在申报资料中提供试验结果。这类测试可能包括真空泄漏试验、透湿性和重量损失或培养基灌装试验。

单个包装组件的测试一般由组件的生产厂进行并通过 DMF 进行报告（见第"五、"部分）。

3. 关于质量控制的资料

包装组件的制造商和药品生产商共同承担保证包装组件质量的责任。上述公司应具有适当的质量控制程序，使能生产出质量一致的组件。药品生产商必须有包装组件和材料的入库检查程序（21 CFR 211.22、211.84 和 211.122）。对于大多数药品，药品生产商可根据组件供应商的检验报告（COA）或合格证（COC）

以及适当的鉴别检查，来接收每批包装组件（21 CFR 211.84（d）
（3）），前提是定期验证供应商的检验数据。根据供应商的 COA
或 COC 接收包装组件，并非适用所有情况（例如某些吸入制剂
的包装组件）。

（1）申请人

申请人应提供验收每批到货的包装组件的测试和方法。如果基于
供应商的 COA 或 COC 放行，则应提供供应商的验证方法。供应
商的 COA 或 COC 的数据应明确说明该批次符合申请人的接受标
准。如果适用的话，还应包括迁移物的标准限度。

应提供包装组件的尺寸和性能标准。尺寸信息通常用详细的示意
图（附有目视尺寸和公差）标注，可以通过包装组件生产商的
DMF 提供。如果该包装组件是已提供示意图的较大装置的一部分
或者该组件设计上并不复杂（例如瓶盖垫片），则没必要提供单
独的示意图。

（2）销售给药品生产商的包装组件生产商

每个向药品生产商提供包装组件的生产商，应提供质量控制方法，
以确保每批组件的物理和化学特性一致。一般包括放行标准（以
及检查方法，如果适用的话）和生产工艺。如果包装组件的放行
基于统计学的过程控制，则应提供完整的过程（包括控制标准）
描述及其验证资料。

生产工艺的描述一般是概要性的，应包括生产后但在装运前对包
装组件进行的任何操作（例如洗涤、覆层和 / 或灭菌）。在某些情

况下，可能需要该描述更为详细具体，并包括中间过程控制。

本部分信息可通过 DMF 提供（见第"五、"部分）。

（3）组成材料的生产商，或用于生产其他包装组件的生产商

包装组件生产商的质量控制措施有时候完全或部分依赖用于制造包装组件中间体（用于生产该组件）的生产商的质量控制程序。如果这样的话，每个与最终包装系统相关的生产商都应提供应提供质量控制方法，以确保每批组件的物理和化学特性一致。

每个组成材料的生产商应提供用于维持其产品化学特性一致性的质量控制方法。

上述信息可通过 DMF 提供（见第"五、"部分）。

4. 稳定性数据（与包装有关）

进行药品的稳定性试验，应采用既定的容器密封系统。应明确每个稳定性试验中采用的包装系统。

稳定性试验中，应监控容器密封系统不稳定的迹象。在必要时，稳定性试验方案中应包括包装系统的评价指标。即使尚未开展正式的包装系统质量试验，申请人也应调查稳定性试验中所用包装系统的任何可见变化。观测结果、调查结果和纠正措施均应列在稳定性试验报告中。如果纠正措施需要更换批准的容器密封系统，则应提交补充申请。

关于实施稳定性试验的指导原则，请见 FDA"关于提交人用药品

和生物制品稳定性资料的指导原则（1987 年 2 月）。"稳定性试验的指导原则正在修订，在其终稿发布时将替代 FDA 原料药和药物制剂的稳定性试验（1998 年 6 月）指导原则草案。

表 6-3 任何药品的初次申请资料应包括的信息

描述	容器密封系统整体概述，以及 对于每个包装组件： 　名称，产品代码，生产商，物理特征 　组成材料（每个材料的名称，生产商，产品代码） 　任何后续的加工处理过程的描述
适用性	保护性：（视具体情况，对每个组件和 / 或容器密封系统进行说明） 　光照 　反应气体（如氧气） 　水分渗透 　溶剂损失或泄露 　微生物污染（无菌 / 容器完整性，生物负荷量的增加，微生物限度） 　污物 　其他 安全性：（视具体情况，对每个组成材料进行说明） 　所有塑料，合成橡胶，黏合剂等[①]的化学组成 　视材料的具体情况，提取物情况[②] 　提取物研究 / 毒理学评估，视具体情况而定 　适当的 USP 测试 　合理引用间接食品添加剂法规（21CFR 174–186） 　其他适当的研究 相容性：（视具体情况，对每个组件和 / 或包装系统进行说明） 　组件 / 制剂相互作用，USP 方法通常可以被接受 　也可能涉及到批准后的稳定性研究 性能：（对于组装后的包装系统） 　功能性和 / 或药物递送，视具体情况而定
质量控制	对于申请人接收的每个包装组件： 　申请人的测试方法和接受标准[③] 　尺寸（图纸）和性能指标 　监测其成分一致性的方法，视具体情况而定 针对供应商提供的每个包装组件： 　生产商放行产品的标准限度，视具体情况而定 　生产工艺的简述
稳定性	见第"三、（三）4."部分

注：①包括任何用于包装材料生产的添加剂；

②见原指南附件 C 的提取物研究的进一步讨论。塑料的检测是针对包装组件，而非未成形的树脂。对于吹 / 灌 / 封产品，必须对成形的药品容器本身进行提取物评价。这也适用于被作为药品生产工艺一部分的容器密封系统。

③注意申请人的接受试验可能包括但不限于：本表的描述、适应性、质量控制部分下的检验项目。

（四）吸入制剂

吸入制剂包括吸入气雾剂（定量吸入剂）、吸入溶液及混悬液、喷雾剂（经雾化器给药）、吸入粉末（干粉吸入剂）以及鼻腔喷雾剂。由于吸入制剂是供呼吸道功能异常的患者使用的，因而这类制剂的 CMC 部分和临床前研究须考虑其特别之处。根据这些包装组件可能与制剂或患者接触的特点，对该类制剂包装的关注程度反映在分级表中（表 6-1）。

关于吸入制剂批准所需提交的容器密封系统的信息，将在以下两个指导原则的最终稿中提供：定量吸入剂（MDI）和干粉吸入剂（DPI）的 CMC 文件（草案于 1998 年 11 月发布），以及鼻腔喷雾剂和吸入溶液、混悬液和喷雾剂的 CMC 文件。

（五）注射剂和眼用制剂

这些制剂有一个共同的特点，即通常为溶液、乳液或混悬液，并且都应无菌。注射剂代表了一类最高风险的制剂（表 6-1）。其中存在的任何污染物（由于污染物与某一包装组件接触，或者由于包装系统不能提供适宜的保护）可能会迅速并完全进入患者的体循环。虽然通常认为眼用制剂的风险比注射剂低，但对眼部的任何潜在危害都需引起重视。

1. 注射剂

注射剂可以是以溶液、乳液、混悬液形式存在的液体，或者是干燥固体需要与某种适宜的介质混合，从而得到溶液或混悬液。注射剂可分为：小容量注射剂（SVP），其体积小于或等于 100ml；

大容量注射剂（LVP），其体积大于 100 ml。对于注射前必须在某种适宜的稀释液中溶解或分散的固体，稀释液可装于同一容器密闭系统中（例如：双室瓶），或者作为上市包装的一部分（例如：包含一瓶稀释液的套装）。

小容量注射剂（SVP）可包装于一次性卡氏瓶、一次性注射器、西林瓶、安瓿或软袋中。大容量注射剂（LVP）可包装于西林瓶、软袋、玻璃瓶，或者在某些情况下，包装于一次性注射器中。

卡氏瓶、注射器、西林瓶、安瓿瓶通常是用 I 型或 II 型玻璃，或者聚丙烯材料制成的。软袋通常是用多层塑料制成的。卡氏瓶、注射器、西林瓶中的胶塞和垫片，通常是用橡胶材料制成的。软袋的入口（加药）和出口（给药）部件可以用塑料和 / 或橡胶材料制成的。软袋还可能会用到外包装以避免溶剂的损失，并保护软袋系统免受外力破坏。

包装组件与制剂之间的相互作用有多种潜在的影响。由于渗透压下降，可引起溶血反应；由于杂质，可引起热原反应；由于吸附或吸收，药物的含量或者抑菌剂的浓度可能会降低。对于难溶性药物的助溶有着至关重要作用的潜溶剂系统，也可以作为塑料添加剂的强力萃取剂。一次性注射器可由塑料、玻璃、橡胶和金属部件组成，而且与由单一材料组成的容器相比，这种多组件的结构发生相互作用的可能性更大。

注射剂应避免微生物污染（无菌性丧失或生物负荷增加），还需要避光或者避免接触气体（例如氧气）。液体基质的注射剂需避免溶剂损失，而无菌粉末或注射用粉末需要避免接触水汽。对于橡胶组件，能证明该组件符合 USP 注射剂用橡胶密封件要求的数

据，通常被认为是充分的安全性证据。对于塑料组件，进行 USP
生物反应性测试得到的数据，通常被认为是充分的安全性证据。
如有可能，应对制剂进行提取物研究。如果制剂基质的提取特性
可以合理地推测与水的提取特性不同（例如由于较高或较低的
pH，或者由于存在助溶性辅料），那么应采用该制剂作为提取介
质。如果原料药能对提取特征有显著影响，则需要使用制剂作为
基质进行提取物研究。如果总提取物的量远远超过用水提的提取
物量，那么应进行提取物特性研究。最好进行橡胶或塑料包装组
件的提取物特性的定量研究，并定期与新批次的包装组件的数据
进行对比。如有可能，应对提取物进行鉴定。对于玻璃包装组件，
按 USP 容器：化学耐受性 – 玻璃容器试验得到的数据，通常被认
为是充分的安全性和相容性证据。在某些情况下（例如对于某些
螯合剂），玻璃包装组件还需符合额外的标准，以确保包装组件
与制剂之间不存在明显的相互作用。

注射器的性能，通常通过确定起动并保持注射器推杆活塞向底
部运动所需的力以及确定注射器输送标示量的制剂的能力来加
以说明。

2. 眼用制剂

这些制剂通常以低密度聚乙烯（LDPE）瓶装溶液的形式上市销售，
瓶子的瓶颈处内置滴管（有时也称为滴管瓶）；或者以金属管装
软膏的形式上市销售，金属管具有眼科尖头（关于金属管的更详
细论述见第"三、（六）2."部分）。由于对塑料包装组件稳定性
方面的顾虑，一些溶液型药品会使用玻璃容器。会与金属发生反
应的眼用软膏，常包装于涂有环氧树脂或聚乙烯塑料膜层的软管
中。大容量眼用溶液（冲洗用）常包装于玻璃或聚烯烃（聚乙烯
和 / 或聚丙烯）容器中。

美国眼科学会（AAO）告知所有外用眼科药物的盖子和标签已制定统一的色码系统。申请人应遵循该系统，或者对于任何违反该系统要求的地方，均应提供充分的依据进行说明。由 AAO 理事会于 1996 年 6 月修订并批准的 AAO 色码，列于表 6-4。

表 6-4 AAO 推荐的外用眼用制剂的盖子和标签色码表

分类	颜色	Pantone 编号
抗感染药	褐色	467
抗炎药 / 甾体类	粉红色	197, 212
扩瞳剂和睫状肌麻痹剂	红色	485C
非甾体抗炎药	灰色	4C
缩瞳药	绿色	374, 362, 348
β 受体阻断剂	黄色或蓝色 * 黄色 C	290, 281
肾上腺素能激动剂（例如地匹福林）	紫色	2583
碳酸酐酶抑制剂	橙色	1585
前列腺素类似物	蓝玉色	326C

注：*AAO 说明，随着新的药物类别的开发，将来可能会对该编码系统进行修改，即将蓝色重新指派给新的药物类别，并仍保持黄色为 β 受阻阻断剂。

虽然眼用制剂可认为是外用制剂（见第"三、（六）2."部分），但由于眼用制剂要求无菌（21 CFR 200.50（a）（2）），在此将其与注射剂分于同一组中，而且其描述、适用性和质量控制部分的内容通常与注射剂的要求相同。由于眼用制剂应用于眼部，其相容性和安全性部分还应说明容器密封系统产生眼部刺激物质的可能性，或者药品中引入颗粒物的可能性（见 USP<771> 眼用软膏剂）。注射剂或眼用制剂应提交的信息见表 6-5。

表 6-5 注射剂或眼用制剂应提交的信息

描述	容器密封系统整体概述，以及： 对于每个包装组件： 　名称，产品代码，生产商，物理特征 　组成材料（每个材料的名称，生产商，产品代码） 　任何后续的加工处理过程（例如包装组件的灭菌和去热原）
适用性	保护性：（视具体情况，对每个组件和 / 或容器密封系统进行说明） 　光照，如果适用 　反应气体（如氧气） 　水分渗透（粉末） 　溶剂损失（液体制剂） 　无菌（容器完整性）或生物负荷的增加 　管子的密封性或泄漏检查（眼药） 安全性：（视具体情况，对每个组成材料进行说明） 　所有塑料，合成橡胶，黏合剂等的化学组成[1] 　对于人造橡胶封件：USP 注射剂弹性胶塞测试 　对于玻璃组件：USP 容器：耐化学腐蚀性测试 – 玻璃容器 　对于金属管的塑料组件和涂料：USP 生物反应测试 　如果有理由认为制剂赋形剂的提取性质与水不同（例如由于高或低 pH 或由于增溶剂），则应将制剂作为提取介质 　如果提取物的总量显著超过水提的量，则应该提供提取物特征研究 　对于需经过加热灭菌的塑料或人造橡胶组件，当前通常要求使用适当的溶剂经过 121℃ 1 小时的提取物特征研究 相容性：（视具体情况，对每个组件和 / 或包装系统进行说明） 　对于金属管的涂料：涂层完整性测试 　对于人造橡胶组件：溶胀效应的评价 　对于塑料组件（包括管涂覆）：USP 容器：理化测试 – 塑料测试[2] 　对于眼用药品：微粒和眼部刺激物 　稳定性研究也支持相容性 性能：（对于组装后的包装系统） 　功能性和 / 或药物递送
质量控制	对于申请人接收的每个包装系统： 　申请人的测试方法和接受标准[3] 　尺寸（图纸）和性能指标 　监测大多数塑料和人造橡胶组件的成分一致性的方法（例如推荐周期性与原始提取物特征信息进行比对） 针对供应商提供的每个包装组件： 　生产商放行的标准限度，视具体情况而定 　生产工艺的描述，视具体情况而定（例如灭菌和去热原的规程或验证）[4]
稳定性	见第"三、（三）4."部分

注：[1]包括任何用于包装材料生产的添加剂

[2]塑料的检测是针对包装组件，而非未成形的树脂

[3]注意申请人的接受试验可能包括但不限于：本表的描述、适应性、质量控制部分下的检验项目

[4]见人用和兽用药品申请的无菌工艺验证提交资料要求的指导原则（1994 年 11 月）

（六）液体基质的口服制剂和局部用药制剂以及局部给药系统

很多种制剂都属于这一类别。液相的存在意味着材料极有可能会从包装组件向药物制剂转移。与水溶液相比，半固体制剂和透皮系统具有较高粘度，并可能会使迁移物质迁移到这些制剂中的速率减慢。由于广泛的接触，这些制剂中的迁移物的量将主要取决于渗出材料对液体/半固体相的亲和力，而不是其迁移速率。

1. 口服制剂

典型的以液体为基质的制剂包括酏剂、乳剂、浸膏剂、流浸膏、溶液剂、凝胶剂、糖浆剂、醋剂、酊剂、芳香水剂以及混悬剂。这些产品通常不是无菌的，但需对生物负载的变化或是否存在特定的微生物进行监测。

这些制剂通常以多剂量瓶，或单剂量或一次性使用的袋子或杯子包装后上市销售。该制剂可单独使用，或先与某种相容的稀释液或分散液混合后使用。瓶子常为玻璃或塑料瓶，常有带衬垫的螺口盖，还可能具有热熔于瓶子上的防拆封签或外盖。口服固体制剂有时也可使用相同的瓶盖衬垫和内封签。袋子可为单层塑料或复合材料。瓶子和袋子还可使用由复合材料制成的外袋。单剂量杯可由金属或塑料制成，并带有由复合材料制成的热封盖。

液体基质的口服制剂通常需要避免溶剂损失和微生物污染，某些时候还需要避光或避免与反应性气体（例如氧气）接触。

对于玻璃组件，能证明该组件符合 USP "容器：玻璃容器"的数据可作为安全性和相容性的充分证据。对于低密度聚乙烯（LDPE）组件，能证明该组件符合 USP 容器测试的数据通常被认为是相容性的充分证据。USP 在通则中没有明确地说明聚乙烯（HDPE 或

LDPE）、聚丙烯（PP）或复合组件的安全性。对于液体基质的口服制剂，其塑料包装组件（例如 HDPE、LDPE、PP、复合组件）的浸出物对患者的暴露量，预期与采用相同包装材料的食品产生的浸出物对于患者的暴露量具有可比性。基于这一假设，适当地参考《间接食品添加剂法规》（21 CFR 174–186），在该法规中规定的任何限度都被考虑到的情况下，通常认为组成材料的安全性得到了充分证明。对于患者仅服用相对较短时间的液体基质口服制剂（急性给药方案），上述假设一般被认为是可行的。

对于患者将长期 [例如：几个月或几年（慢性给药方案）] 连续服用的液体基质的口服制剂，组成材料符合间接食品添加剂的要求可认为安全，这仅基于：只有当患者对萃取物的暴露量可以预期不会超过经食物途径的暴露量，或者暴露时间得到毒理学资料的支持。例如，如果制剂是水性基质，该基质中不含或几乎不含助溶剂（或者其他物质，包括活性成分在内，这些物质与水相比，更易于从塑料包装组件中萃取物质），并且符合间接食品添加剂法规的要求，通常可认为满足安全性要求。

如果制剂含有潜溶剂（或者出于某种原因，如果预期与水相比，其可从塑料包装组件中萃取更大量的物质），那么则需要额外的萃取资料以说明安全性方面的顾虑。

对于液体基质的口服制剂，性能通常不是影响因素。

参考表 6–6 获取额外信息。

2. 局部用制剂
局部用制剂包括气雾剂、霜剂、乳剂、凝胶剂、洗剂、软膏剂、糊剂、粉剂、溶液剂以及混悬剂。这些制剂通常用于局部（而不是全身），而且通常用在皮肤或口腔黏膜的表面。局部用制剂还包括某些鼻用和耳用制剂，以及某些眼用制剂。眼用制剂在"三、（五）2."部分论述。直肠制剂如果用于局部作用，也可认为是局部用制剂。某些局部用制剂是无菌制剂，或需要进行微生物限度检查。这些情况下，在确定适宜的包装时，还需要进行额外的评估。

液体基质的局部用制剂通常具有液体或半固体的一致性，并以单剂量或多剂量容器包装（例如：硬质瓶或罐子、软管或软袋）的形式上市销售。粉末制剂可装于顶部为筛形的容器中上市销售。抗菌制剂可作为无菌敷料的一部分上市销售。还有许多制剂，是以压力气雾剂、手泵喷雾剂的形式上市销售的。

硬质瓶或罐子通常是由玻璃或聚丙烯材料制成的，并带有螺口盖。相同的瓶盖垫片和内封垫有时也用于口服固体制剂的包装。

软管通常是用金属制成，或有金属内衬的低密度聚乙烯或复合材料制成。软管根据管口分为密封型和开口型。对于前者，贮存期间产品不接触管帽。软管的尺寸通常会根据目标灌装容量进行裁剪。灌装容量通常采用测定堆密度的方法进行工艺过程控制。虽然软管可能有内衬层，但通常管帽没有衬垫。铝管一般具有内衬层。管的内衬层通常为漆或虫胶，其组成应予以说明。软管以折叠或卷轧开口端的方式进行密封。折叠方式（卷缠折叠或鞍形折叠），以及任何密封剂的类型和组成，均应予以说明。如果软管材料仅通过加热即可自密封，也应予以说明。如果上市包装包括独立的涂药装置，应对其进行描述。如果涂药器是密封件的一部分，则可能会接触产品，因此，应视具体情况提供涂药器与制剂的相容性。

敷料剂包括装于软袋中的绷带材料（例如 USP 的吸水纱布，或 USP 的纱布绷带）上的制剂。袋子应保持敷料剂的无菌和物理稳定性。

与吸入气雾剂不同，局部用气雾剂并非用于吸入。不需要对喷出的液滴的大小进行精确的控制，剂量通常也不用定量。可以使用喷雾器将制剂应用于皮肤（局部用气雾剂）或口腔（舌气雾剂），并应说明喷雾器的功能。局部用气雾剂可为无菌产品，或者符合微生物限度的接受标准。

当局部用制剂为液体基质时，其包装系统应能阻止溶剂损失，并且视具体情况提供遮光保护。由于这些制剂在使用时可能接触到破损或者遭受其他损伤的黏膜或皮肤，因此需对这些包装组件的组成材料的安全性进行评估。对于液体和半固体制剂，在确定安全性和相容性时，采用与第"三、（六）1."部分的规定相同的资料可被接受。对于固体制剂，视具体情况参考间接食品添加剂法规，通常被认为足以证明其安全性。

参考表 6-6 获取额外信息。

3. 局部给药系统
局部给药系统是一种经正常皮肤或其他体表传递药物的自成一体的独立制剂。USP 的制剂定义了 3 种类型的局部给药系统：透皮、眼内、宫内。

透皮给药系统通常以胶层应用于皮肤，并将放置较长时间。眼内系统插入到下眼睑下，通常放置 7 天。宫内系统不使用胶黏剂放置，放置时间可长达 1 年。

透皮给药系统常包括外屏障层、药物贮库层（含有或不含控速膜）、压敏胶层以及保护层。眼内给药系统通常由包含于控速膜内的药物处方组成。宫内给药系统可由浸渍活性成分的塑料材料或镀膜金属组成。为确保放入子宫后保持原位，这种系统被设计成特殊形状。

上述每一种系统通常以单剂量软泡罩包装，或者以带有预成型套或外袋的预成型托盘包装。

对局部给药系统的相容性和安全性的证明方式，应与局部用制剂相同。对于控速膜，应说明其性能和质量控制。对于每种给药系统，应制定适宜的微生物限度，并进行验证。微生物标准正在开发当中，因此对于具体的申请，应咨询相关审评部门。

参考表 6-6 获取额外信息。

表 6-6 液体基质的口服制剂和局部用制剂及局部给药系统应递交的信息

描述	容器密封系统整体概括描述，以及： 针对每个包装组件： 　名称，产品代码，生产商，物理性质 　组成材料（每个材料的名称，生产商，产品代码） 　任何附加的处理描述（例如清洗成分的程序）
适用性	保护：（对每个组分和/或容器密封系统，视具体情况而定） 　光照 　反应气体（如氧气） 　溶剂减失 　水分渗透（液体基质的口服制剂需符合 USP 关于密封容器或 A 级容器的要求） 　微生物污染（容器完整性，生物负荷量的增加，微生物限度，视具体情况而定） 　软管（局部制剂）或单元剂量的容器（液体基质的口服制剂）的密封完整性或检漏试验 安全性：（针对每个组成材料，视具体情况而定）[①] 　所有塑料，合成橡胶，粘合剂等的化学组成 　大多数液体基质的口服制剂：适当参考间接食品添加剂法规

续表

	对于含乙醇或助溶剂的需长期给药的液体基质的口服制剂：能够证明提取物的人体暴露后果，不比采用类似包装的食品所产生的预期后果更严重[2]，或者毒理学研究显示该暴露量可以接受 对于局部用制剂（金属管具有塑料涂层的情况）和药物传递系统的塑料组件：USP 容器测试 对于局部给药系统：视具体情况参考间接食品添加剂法规 相容性：（针对包装系统的每个组件，视具体情况而定） 对于 LDPE 和玻璃组件，USP 容器测试[3] 对于金属管的涂层：涂层完整性测试 性能：（针对装配好的包装系统） 应说明功能和 / 或药物释放，视具体情况而定
质量控制	针对申请人接收的每个包装组件： 申请人的测试和接受标准[4] 尺寸（图纸）和性能标准 监测其组成一致性的方法，视具体情况而定 针对供应商提供的每个包装组件： 生产商放行产品的标准，视具体情况而定 生产工艺的描述，视具体情况而定
稳定性	见第 "三、（三）4." 部分

注：①包括任何用于包装材料生产的添加剂；
②接触食品和接触制剂（例如含水、酸性、醇或脂溶性）产生的提取物性质相似的组成材料应被认为合格；
③塑料的检测是针对包装材料，而非未成形的树脂；
④注意申请人的接受试验可能包括但不限于本表的描述、适应性、质量控制部分下的检验项目。

（七）口服固体制剂和复溶的粉末

最常见的口服固体制剂为胶囊和片剂。但就本指导原则的目的而言，复溶型的口服粉末和颗粒也被归入这一组剂型进行讨论。

包装组件和口服固体制剂之间的相互作用的风险一般公认为比较小，然而，在市售容器中被复溶的粉末，存在包装组件和复溶液体之间发生相互作用的额外可能性。和液体基质的口服制剂的组分 / 制剂之间的接触时间相比来说，尽管该接触时间相对较短，但是在对容器密封系统的相容性和安全性的评价中也需要被考虑。

常见的容器密闭系统为带旋拧或拔起开关的塑料瓶（通常为高密度聚乙烯），或者是软包装系统，例如小袋或泡罩包装。一种常见的密封装置通常是带衬垫和内密封圈的帽盖。如果使用了填充剂、干燥剂和其他吸水材料，也被视为内包装的组件。

泡罩包装和小袋是最常见的软包装形式。一个泡罩包装通常由封盖材料和成形膜组成。封盖材料通常为一种锻压的薄片，其中的阻挡层（如铝箔）一面有打印底漆，另一面为密封剂（如一种热封漆）。密封剂与制剂和成形膜接触。成形膜可能是一种单层膜，也可能是一种包衣膜，或者是一种锻压薄片。小袋通常是由膜或薄片在边缘经加热或黏合剂而被密封。软包装的泄露检验通常作为过程控制的一部分被执行。

口服固体制剂通常需要避免水蒸气带来的潜在不利影响，同样也需要避免光照和反应气体。例如，水分的存在可能会影响活性药物成分的分解速率或制剂的溶出速率，容器就应选择具备内在低水蒸气透过率的材料，容器密封系统应设置封口以保护药品。USP 已经建立了 3 种水蒸气透过率的标准测试方法用于口服固体制剂。

1. 聚乙烯瓶（USP<661>）

此项试验针对采用箔层薄片进行热封的容器，因此仅针对容器的性质进行评价。以热封箔层薄片作为内部密封的市售包装系统对水蒸气透过的保护水平（直至内部密封被移除），预计与这项测试的结果大致相同。接受标准请参照 USP<671>。

2. 一次性容器与盛装胶囊或片剂的单剂量容器（USP<671>）

此项试验测定一次性容器或单剂量容器密封系统的水蒸气透过

性，并建立 5 种接受标准（A–E 类容器）。

3. 胶囊或片剂的多剂量容器（USP<671>）

此项试验不仅适用于按医师处方单调配的多种药物的情况，同时也适用于药物生产商的容器密闭系统。如果容器密闭系统有内部密封，测试前须移除。此项研究的结果反映了容器以及容器与密封件之间的密封性对水分渗透的影响。已经建立了 2 种标准（紧密和封闭好的容器）的可接受标准。

对于口服固体制剂，当容器密封系统的每种组成材料都能以间接食品添加剂法规作为参考，通常就足以证明其安全性。但是，对于复溶的粉末制剂，不建议仅仅以参考间接食品添加剂法规作为证明其组成材料安全性的证据。口服固体制剂和复溶型粉末与塑料和玻璃的相容性通常会在讨论是否符合 USP 容器测试时提及。USP 各论中的纯棉和纯化人造丝在被用作片剂或胶囊包装中的填充剂时，通常被视为足够安全的，同时有如下的附加说明：棉花不需要符合各论中对无菌、纤维长度或吸收性的要求；人造丝不需要满足各论中对纤维长度或吸收性的要求。但是，当用棉花和人造丝作为填充剂时，需提供它们的鉴别和水分测定方法及接受标准。人造丝已被发现是造成明胶胶囊和明胶包衣片溶出问题的一个潜在因素，因此在选择填充剂时需要考虑该特性。使用其他填充剂时可能也需要考虑适当的检测项目和接受标准。

如果使用了一种干燥剂或其他吸水材料，须提供它的组成成分（或适当的 DMF）。其组分须在形状和 / 或大小方面不同于与其包装在一起的片剂或胶囊。这将有利于区分组分和制剂。由于这些被认为是主要包装组件，因此须提供证明适用性的适当的检测项目和接受标准。

固体口服制剂和粉末通常应递交的信息见表 6-7。

表 6-7 固体口服制剂和粉末通常应递交的信息

描述	容器密封系统整体概括描述，以及： 针对每个包装组件： 　名称，产品代码，生产商 　组成材料 　任何附加处理的描述
适用性	保护：（对每个组分和 / 或容器密封系统，视具体情况而定） 　光照 　水分渗透 　单位剂量包装的密封完整性或渗漏试验 安全性：（针对每个组成材料，视具体情况而定） 　所有塑料，合成橡胶，黏合剂等的化学组成[①] 　对于片剂、胶囊和粉末，可以视具体情况参考间接食品添加剂法规， 　但是复溶型粉末可能不适用 　对于人造纤维和棉花填充物，数据来自 USP 专论。对于非 USP 材料， 　应提供数据和接受标准 　对于干燥剂和其他吸收材料，尺寸和形状应与制剂不同 相容性：（针对每个组分或包装系统） 　对于玻璃和塑料容器，数据来自 USP 的容器测试[②] 性能：（针对每个组分或包装系统，视具体情况而定） 　功能性和 / 或药物传递，视具体情况而定
质量控制	针对申请人接收的每个包装组件： 　申请人的检测项目和接受标准[③] 　尺寸（图纸）和性能标准 　监测其组成一致性的方法，视具体情况而定 针对供应商提供的每个包装组件： 　生产商放行产品的标准限度，视具体情况而定 　生产工艺的描述，视具体情况而定
稳定性	见第"三、（三）4."部分

注：①包括任何用于包装材料生产的的添加剂；

②塑料的检测是针对包装组件，而非未成形的树脂；

③注意申请人的接受试验可能包括但不限于本表的描述、适应性、质量控制部分下的检验项目。

（八）其他制剂

cGMP 对药用压缩气体的容器密封系统的要求参见 21CFR 210 和 211。此种剂型的包装容器由美国交通运输部负责监管。更多详情参见 CDER 发布的药用压缩气体指导原则（1989 年 2 月）

对于上文未囊括的药品或剂型，在提交相关申请资料时，企业应该考虑到：①药品的给药途径和制剂的性质（例如是固体制剂还是液体基质）所导致的相容性和安全性考虑；②容器密封系统对制剂提供何种保护；③在药品包装系统中对药品进行特殊的操作或处理所产生的潜在影响。应对每个包装组件采取质量控制措施，以确保将来生产批次的药品在安全性和质量方面保持一致。

四、批准后的包装变更

对于已批准的申请（NDA、ANDA 或 BLA），如果容器密封系统发生变更，或者容器密封系统的组件发生变更，或者组件的组成材料发生变更，又或者涉及上述内容的操作发生变更，均须在申请中进行报告。对于 NDA 或 ANDA，具体的资料要求见 21CFR 314.70（对已批准申请的补充申请和其他变更），对于 BLA，见 21CFR 601.12（对已批准申请的变更）。提交的材料应包括本指导原则"三、（二）"和"三、（三）"部分描述和讨论的内容。监管当局计划将来提供更多的关于容器密封系统批准后变更的指导原则。

五、第Ⅲ类 DMF

（一）总体说明

提供包装组件信息的首要责任在于 NDA、ANDA 或 BLA 的申请者，或 IND 的发起人。这些信息可能由包装组件或组成材料的生产商提供给申请者，可能直接被纳入申报资料之中。任何包材生产商不愿意与申请者或发起人共享的信息（例如被视为保密资料的信息）可能被纳入第Ⅲ类 DMF 中，通过包材生产商提供给申请者的授权信（LOA）才可以引用 DMF 中的信息，并作为申报资料的一部分。授权信须指定获授权的公司，组成成分或材料的描述和文件中这些信息和 / 或数据所在的页码和 / 或递交的日期。文件中最后一项包含多组件的信息，或许有好几卷，尤为重要。

第Ⅲ类 DMF 中的信息不局限于一些特定数据，其持有者也可以根据需要或多或少地加入一些其他的信息。另外，监管当局没有要求包装组件的生产商必须拥有第Ⅲ类 DMF。当然，如果没有DMF，监管机构将没有办法审核特定信息，除非在申报资料中一并递交这些信息。

监管机构一般只审核与申请（IND、NDA、ANDA 或 BLA）有关的 DMF。如果申报资料和 DMF 中的相关信息不足以支持申请获得批准，或者不足以支持 IND 的安全性时，那么监管机构可能视具体情况要求申请者和 / 或 DMF 持有者提供更多的信息。

当 DMF 发生变更时，DMF 持有者必须通知该 DMF 所支持的每一个申请的持有者（21CFR 314.420（c））。必须确保在 DMF 变更获得批准前将通知发给申请者或 IND 发起人，以使他们有足够的时间对受此影响的申请作相关补充申请或进行修改。

DMF 和 LOA 的格式与内容可参考 CDER 发布的药物主文件指导原则（1989 年 9 月）。

（二）第Ⅲ类 DMF 中的信息

本指导原则的第"三、"部分已经对需要说明情况的种类、适用性和质量控制等信息进行了阐述，这些通常是监管机构在审核药品包装组件和组成材料时需要了解的信息。以下是已经以第Ⅲ类 DMF 形式被递交的项目的举例。

1. 描述性信息

（1）组件的概述和生产商的地址。

（2）包装组件的生产工艺,生产完成后和运输前所执行的操作（清洗、覆膜、灭菌或除热原）。

（3）组成材料、生产工艺和成品（组件或完成装配的组件）的接受标准、过程控制和放行标准。

（4）关键性质的特征。

2. 适用性信息

（1）组件提供何种保护功能。

（2）组成材料或完整组件的安全性信息。

（3）组成材料或完整组件与具体剂型、具体药品或等效物质之间的相容性。

3. 质量控制信息

（1）组件的尺寸（工程图纸）和性能标准。

（2）用于保持包装组件物理和化学性质一致性的质量控制措施的描述。

（3）基于统计过程控制进行放行时的组件质量保证 / 质量控制标准的概述。

六、散装容器

（一）散装原料药容器

原料药一般为固体，但也有一些为液体或气体。

用于散装原料药的储存和运输的容器密封系统，通常为带有双层低密度聚乙烯内衬的圆桶，其内衬通常采用热封或缠扎方式进行密封。干燥剂可放置于袋子之间。

圆桶在运输和操作时提供避光和机械强度来保护内衬。隔绝空气和水分的功能主要由内衬提供。由于低密度聚乙烯不是一个特别好的水分屏障，因此对水分敏感的原料药可能需要另外的保护。一个可替换低密度聚乙烯袋的选择是热封复合袋，它具有相对较低的水分穿透性。

包装系统的合格性确认通常基于内衬的相容性和安全性，但也可能包括溶剂或气体的穿透性特点（参见第 "三、（二）" 部分）。

用于散装液体原料药的储存或运输的容器密封系统，通常为塑料、不锈钢、玻璃内衬金属容器，或坚固耐损的环氧树脂内衬金属容器。容器密封系统的合格性确认可能包括以下内容：溶剂和气体的穿透性、光透过性、密封完整性、运输过程中的坚固性、密封处防止微生物污染的性能和视具体情况而定的包装组件的相容性和安全性（参见第 "三、（二）" 部分）。

申报资料（或第 II 类 DMF）应对散装原料药的容器密封系统整体作详细描述，同时还应分别描述容器、密封组件、所有内衬、内密封和干燥剂（如果有的话），以及每个组件的组成。通常认为，合理地参考间接食品添加剂法规就可以充分证明组成材料的安全性。应提供每个包装组件的测试项目、方法、接受标准和放行标准。为确定采用拟定容器密封系统包装的散装原料药的复验期，应进行稳定性研究，并且如果实际使用了填充剂或干燥剂，应模拟实际情况进行稳定性研究。该研究也可采用比实际容器密封系统更小的模拟装置。对于不同类型容器密封系统的稳定性研究，可参考《人用药品和生物制品稳定性研究递交材料的指导原则》（1987年2月）。

用于压缩医疗气体的容器密封系统参见第"三、（八）"部分。

（二）散装制剂容器

散装制剂的容器密封系统可能用于包装或运输至重包装商或外包装商前的储存。在任何情况下，容器密封系统都应为制剂提供足够的保护，同时其组成材料的相容性和安全性应符合要求。

供生产现场储存用的容器密封系统一般已被认为是 21 CFR 211.65 下的一个 cGMP 的问题。不过，如果企业计划储存散装制剂，那么申请者须在申报资料中就容器密封系统和最长储存时间提供说明和验证资料。另外，应提供稳定性数据以证明在该容器中延长储存不会对制剂造成不利影响。即使包装步骤前的储存时间很短，企业也应使用能够为制剂提供足够保护的容器密封系统，并且包装容器材料的相容性和安全性应与其预期使用目的相匹配。

申报资料中应描述散装制剂运输至合同包装商时使用的容器密封

系统。该容器密封系统应能够为制剂提供足够的保护，其组成材料与储存产品的相容性应符合要求，安全性符合其预期用途。运输容器的保护作用，可通过成品（包括年报批次在内）的批准后稳定性研究予以验证。

特别用于运输至重包装商的大体积制剂的容器密封系统，无论是固体或液体制剂，均被视为上市包装。该包装与更小的市售包装相比，应具有相同的保护作用、相容性和安全性；申请时递交的稳定性研究和长期稳定性方案中应包括对该包装的研究；并且应在申报资料中作全面说明。制剂在散装容器中的储存时间的长短可能是决定支持信息详细程度的一个因素。有两个大体积运输包装的例子，一个为 10 000 片的带防窃启装置的 HDPE 桶，另一个为 10L 带螺帽并具有配药装置的聚对苯二甲酸乙二醇酯（PET）容器，用于盛装液体药品。两者均用于出售给大型药房。一个特别的例子是 USP<1> 中描述的药房散装包装。

第七节 人用药品和生物制剂申请中的环境评估

Environmental Assessment of Human Drug and Biologics Applications

一、简介

1969 年的《国家环境政策法》（NEPA）要求所有联邦机构评估他们的行为对环境的影响，并确保利益相关者和受到影响的公众了解环境分析的结果。《国家环境政策法》要求美国食品药品监督管理局（FDA）在批准药品或生物制品申请时，考虑将环境影响作为其监管过程中不可或缺的一部分内容。因此，FDA 在 21 CFR 第 25 部分规定环境评估（EAs）必须作为新药上市申请（NDAs）、简略新药上市申请、生物制品的上市许可申请、补充申请、新药临床试验申请（INDs）等其他各种申请的一部分一并提交（详见 21 CFR 第 25.20 条规定），除非该环境评估被认为有资格被无条件豁免。

在总统的重塑政府（REGO）的举措下，1995 年 4 月 FDA 宣布重新评估和修订环保法规，以减少药品生产企业必须递交环境评估的数量，从而相应减少因国家环境政策法要求，联邦机构需编写的"无显著影响发现（FONSIs）"数量。为此，1996 年 4 月 3 日

FDA 发布规则制定公开征求意见稿（61 FR 14922）（1996 年 5 月 1 日再版（61 FR 19476）），该意见稿提出可以被无条件豁免的行为必须是已经明确的，无论是单次或累积，通常情况下都对人类的环境质量为无显著影响的行为。最终的法规发布于 1997 年 7 月 29 日（62 FR 40569），并于 1997 年 8 月 28 日生效。法规要求由联邦机构处理的所有申请或请求（例如，新药上市申请（NDAs）、简略新药上市申请（ANDAs）、新药临床试验申请（INDs）、生物制品许可申请（BLAs），以及这些申请的补充申请）必须附有一个环境评估或无条件豁免声明。如未能提供无条件豁免声明或一个完整的环境评估的申请，FDA 有理由拒绝接受或批准（21 CFR 314.101（d）（4）、601.2（a）和（c）以及 25.15（a））。一份完整的用于备案的环境评估应对相关环境问题进行阐述，而一份完整用于申请的环境评估应包含足够的信息，能使联邦机构判定拟议的行为是否会对人类环境的质量造成显著影响。本指南对环境评估应何时提交做了相关说明；同时也针对如何准备一份环境评估，以用于向药品审评与研究中心（CDER）和生物制品审评与研究中心（CBER）提交药品或生物制剂申请，给出了相关建议。该指南涵盖的内容包括：①何时可以申请无条件豁免；②何时需提交环境评估；③编写环境评估的内容和格式要求；④关于最有可能与人用药品和生物制剂有关的环境问题的具体指导；⑤检测方法；⑥申请人对于支持环境评估所提交的机密信息的处理；⑦药品和生物制品主文件。

本指南基于 1997 年 7 月的最终法规修订，除非被新的法规或新的指南取代，否则该指南仍然有效。本指南取代了 1995 年 11 月生效的 CDER 的《关于人用药品申请和补充申请中环境评估提交的行业指南》。该指南连同联邦法规法典（CFR）中 21 CFR 第 25 条和 40 CFR 第 1500—1508 部分以及 FDA 环境评价技术手册（NTIS

出版号 PB 87 175345 /AS），将提出可接受的检测方法，以代表从 CDER 和 CBER 获得的核心信息，用来协助制药企业环境评估的准备工作。

二、什么类型的行为受到无条件豁免

21 CFR 25.5（c）规定某些被证明无论是单次还是累积都不会对人类环境质量产生明显影响的生产行为是被无条件豁免的，所以通常情况下不需要提供环境评估。然而，根据 21 CFR 25.21 和 40 CFR 1508.4 规定，FDA 仍然要求对于任何一个被豁免的具体行为，至少也应准备"一份环境评估"，表明是否存在特殊情况，即拟议的具体行动可能对人类环境质量造成影响。关于特殊情况处理的相关信息，请见第"三"部分。

在提交给 CDER 或 CBER 的申请中，存在无条件豁免的情况包括以下几种：①经 FDA 批准，可以不增加使用活性成分情况下的新药上市申请（NDAs）、简略新药上市申请、生物制品上市许可申请以及这些申请的补充申请；②经 FDA 批准，可以增加活性使用成分情况下的新药上市申请（NDAs），简略新药上市申请以及这些申请的补充申请，但是要求进入水生环境中相关活性物质的预估浓度应低于 1ppb；③在批准申请时，发现虽然在环境中会自然产生相关活性物质，但该物质、其代谢物或降解物在环境中的浓度及分布情况并没有显著改变的情况下的新药上市申请（NDAs）、简略新药上市申请、生物制品上市许可申请以及这些申请的补充申请；④新药临床试验申请（INDs）；⑤用于输入血管的血液或血液成分和血浆的生物制品上市许可申请。如果申请中至少有一个符合以上豁免条件，申请人就有资格提交一份无条件豁免声明而无需提交一份环境评估。

如果申请人能够阐明被要求的行为符合无条件豁免的标准，或援引已被申明过的特定的无条件豁免案例，并说明在申请人所知范围内，并不存在特殊情况存在时（21 CFR 25.15（d）），申请人可以依据 21 CFR 25.31 规定只提交无条件豁免的申请或请愿书，而不需要提交环境评估报告。通常情况下，申请人通常无需提供数据来证实所述行为符合无条件豁免的标准。CDER 和 CBER 可以依据提交的申请书中的其他信息来判定该行为可以无条件豁免的合理性。在例证有限的情况下，如果有必要，CDER 和 CBER 会要求额外的信息来确定是否达到无条件豁免的标准。

三、什么时候需要环境评估

除非所述行为符合 21 CFR 25.30 或 25.31 的无条件豁免要求，通常情况下，都要求药品生产企业提交一份环境评估报告。如果存在特殊情况，且明确表明该行为会对人类环境质量产生显著的影响时，也会要求提交一份环境评估报告（21 CFR 25.21）。

当所述行为不符合无条件豁免的情况时，应按照下述具体信息处理常见的申请情况。

（一）新药上市许可申请（NDAs）简略新药上市申请以及补充申请

注意：下述第一条应结合 21 CFR 25.31（a）中相关规定来评估增加使用的生物制品的申请。下述第二条不适用于生物制品许可申请（BLAs），因为根据这一条所依据的 21 CFR 25.31（b）的规定，BLAs 不包括在无条件豁免范畴内。对于 BLAs，应评估其是否符合 21 CFR 25.31（a）或（c）中无条件豁免类型或 21 CFR 25.30

和 25.31 中其他适当的无条件豁免类型的条件。

经 FDA 批准，可以增加使用活性成分情况下的 NDAs、ANDAs 和补充申请，如果活性成分进入水生环境中相关物质的预估浓度 ≥ 1ppb，则以上申请将无法获得无条件豁免的资格。

1. 关于增加使用活性成分的申请

如果该药物要求给予更高的剂量水平，维持更长时间的药效，或用于不同于之前的适应证，或者是一个新的化学实体，往往会发生增加使用活性成分可能的可能。该条款包括了消费者对 FDA 法规条文的自由意志。

其中附件 A 是关于认为不可以增加活性成分的例子，附件 B 是关于认为可以增加活性成分或生物制品的例子。如果出现无法判断一特殊行为是否为增加活性成分或生物制品的行为时，申请者应当积极联系合适的研究中心或部门以处理相关问题。

2. 评估物质在水生环境中的浓度

一活性基团预计引入水生环境的浓度（EIC）按如下计算：

$$EIC — 水中的活性成分（ppb）= A \times B \times C \times D \qquad (1)$$

式中：A 为年生产的直接使用（如活性部分），kg；

B=1 / 升每天进入 POTWs* 的量，1/L；

C 为年 / 365 天；

D 为 $10^9 \mu g/kg$（换算系数）。

* 每天进入公共污水处理厂（POTWs）的处理量为 $1.214 \times 10^{11}L$，该数据来源于 1996 国会需求调查报告。关于需求调查的相关信

息可登陆 http：//www.epa.gov/owm 查询，其数据定期更新。

此计算基于以下假设：

● 一年内所有生产的药品都被使用并且进入公共污水处理厂（POTW）处理系统；

● 整个美国该药品的使用量与国内人口和产生的废水量成比例；

● 没有代谢物产生。

每年活性成分产生数量（kg）的评估应基于以下几点原则：① 保证在未来 5 年内的任意时候可以直接使用产品所生产的最大量的活性成分。"直接使用"是指在一定时间内人类预计所使用的数量（即不包括任何库存的数量）；② 在申请中应包括所有剂型和规格的使用数量；③ 在申请者的相关申请中的使用数量，其中相关申请包括使用相同的活性成分的其他剂型和不同形式的活性成分生产的产品（例如，水合、成盐或自由酸 / 碱基形式）。申请中提到的所有浓度均基于活性成分的浓度，而不是成盐形式或其他合成形式的浓度。

如果从患者使用角度，可以考虑获得活性成分代谢程度以及具有较少的药理活性或非活性化合物等的信息，来计算活性成分进入水生环境的 EIC。同时在计算 EIC 时还应考虑与活性成分有关的代谢产物的药理活性，并将代谢物的加权系数计算在内，（如：每年活性成分的数量（kg）× 10% × 0.5，该式基于发现存在 10% 代谢物并且代谢物有活性成分一半的药理活性）。如果代谢物的药理活性未知，可以假定与活性成分一样。

如果生产的药品被用于一个特定的区域时，则应使用另一种计算方式（例如，用一个值替代每天进入 POTWs 的总升量—在 EIC 计算公式中的 B 项）。需注意的是，如果这个替代值被用来估算该特定区域的使用量时，无论出于什么原因，该替代值的计算、来源以及基础，都应在提交的环境评估或无条件豁免声明中体现，并接受审查。

（二）基于在环境中自然形成活性物质的申请

当 FDA 批准的申请，存在在环境中自然形成活性成分，且活性成分、其代谢物或降解产物的浓度和分布在环境中显著改变的情况时，基于以上情况的 NDAs、ANDAs、生物制品上市许可申请和补充申请将不符合 21 CFR 25.31（c）中规定的无条件豁免的要求。然而，针对活性成分在一个地理区域内使用并处理，且该区域内的活性物质不是自然形成的相关申请，根据 21 CFR 25.31 的规定，可以获得无条件豁免的资格。

如果药品和生物制品来源于自然资源或生物系统，即使这些物质是经化学合成的，也被认为是自然形成的一类物质。联邦机构正在考虑将这种判定药品或生物制品是否是在环境中自然形成的形式列入 FDA 规定的条款中。例如，活性成分结构的修饰不是自然形成的（如成盐），但是如果它是在体内和环境中形成，且该活性成分存在的一种形式被发现是一种天然存在的物质，那么这种修饰了的活性成分同样也被认为是自然形成的物质。

生物和生物技术制品也要进行类似的评估。例如，一种蛋白质或 DNA 由天然氨基酸或核苷构成，但有一个序列不同于天然合成的物质，通常在考虑了代谢物之后，也会被认为是一种天然合成的物质。同样的原则也适用于合成肽、寡核苷酸、活细胞、死细胞和生物体。CDER 和 CBER 可能会依据申请中提交的其他信息 [例如，代谢、排泄和稳定性的信息；成活力（如果适用）；以及具有物理和 / 或化学特性的产品] 来决定是否在 FDA 规定的中增加关于天然形成物质的条款。

CDER 和 CBER 将在逐案基础上评估，由于生产行为进入环境中天然形成物质的数量不会对其活性成分、其活性成分代谢物、降解物在环境中的浓度及分布有显著影响的何种情况，申请无条件豁免的合理性。

（三）特殊情况下的申请

如 21 CFR 25.21 和 40 CFR 25.21 中所述，FDA 要求对于任何一个被豁免的具体行为，至少也应准备"一份环境评估"，表明是否存在特殊情况，即拟议的具体行动可能对人类环境质量造成显著影响。特殊情况可以由机构或申请人提供的数据显示，或者也可以从 FDA 规定的基于生产、使用或处理等条例信息中获得。联邦机构可以获得的数据包括公共信息、申请中提交的信息以及提交给联邦机构的同一或类似产品的数据。

1. 对于可以获得数据的行为，应当建立一个可能出现严重危害环境的预期限度。
FDA 认为对环境的危害不仅包括毒性对环境生物影响，而且还包括除毒性外环境污染效应，如对生态群落动态的持久影响。

2. 对一个物种或一个物种的关键栖息地有不利影响的行为，应根据"濒临物种法"或"濒临野生动物和植物物种国际贸易公约"中规定的濒危或受到威胁的物种决定，或者根据其他联邦法律中规定的有权得到特别保护的野生动物或植物决定。
确定对一个物种或一个物种的关键栖息地是否有不利影响的行

为，应当依据"濒临物种法"关于濒危或受到威胁的物种的规定，或者依据"濒临野生动物和植物物种国际贸易公约（CITEs）"中列出的野生动物或植物物种的规定，再或者依据其他联邦法律或美国作为缔约国的国际条约中规定的有权得到特别保护的野生动物或植物物种，这些情况下确定的行为都被视为一种特殊情况，都要求提交一个环境评估，除非有与药物物质或 FDA 诉讼有关的特定的豁免条款。但存在一种异常情况，即虽然一个物种在联邦法律或国际条约要求下需进行特定的保护，但药物只来自非野生的制品，如果非野生制品豁免于联邦法律或条约，那么这个行为将有资格被豁免，正如"三、（三）3.（1）"部分所述。其中直接影响（例如，来自动物或植物的药品，见"三（三）3."部分）和间接影响（例如，生产场所排放带来的不利影响）都应被考虑。

在《美国濒危物种法案》（ESA）的规定下，国会宣布："美国已承诺在国际社会中作为一个主权国家，在可行的范围内，根据"濒危野生动物和植物物种国际贸易公约"，保护面临灭绝的各种鱼类或野生动物和植物"（16U.S.C.1531（a）（4）（F））。鉴定为濒危或受威胁的物种，并不妨碍该动物或植物物种的使用。然而，根据 ESA 的规定，如果一个物种被确定为濒危或受威胁物种，联邦机构必须与内政部长或商务部长协商，以确保机构的行为不危及濒危或受威胁物种的继续存在或其关键栖息地的存在（16U.S.C.1536）。

3. 使用动植物的情况

FDA 打算仔细审查 FDA 监管条例中所提出的从动植物获得制品的行动，同时一旦从拟议行为的审查中出现可能危及物种继续存在的任何情况，将按照特殊情况条款中要求的提交一份环境评估报告。以下各点将阐述 CDER 和 CBER 目前对于当正常使用动植物制品时，却出现需提交一份环境评估报告以支持申请的特殊情况时的相关规定的讨论。

（1）人工养殖的制品

当药品或生物制品来源于人工养殖的植物（例如，种植园、砧木苗圃）或饲养动物或家畜（如实验室饲养品种、牛、猪）这些行为通常是无条件豁免的，不认为属于特殊情况，也不需要提供一份环境评估（详见"三、（三）2."中关于可能豁免内容所述）。

（2）野生制品

① NDAs、ANDAs 生物制品上市许可申请或者补充申请　NDAs、ANDAs 和生物制品上市许可申请中，药物或生物产品来源于野外的动植物，或这类申请的补充申请与野生生物量的来源变化有关（如获得生物量来源的物种及地理区域的变化），或补充申请被认为与活性成分或生物物质的增加使用有关（见原指南附件 B），这将导致需要在原来的 EA 中增加更多内容来阐明相关情况，这种情况也被认为是特殊情况，需要提交一份 EA。

② INDs　INDs 通常只涉及相对少量的药品或生物制品以及数量有限治疗患者。许多新药临床试验申请并不会像新药上市申请和生物制品上市许可申请提交后，相关产品被允许广泛的商业销售。CDER 和 CBER 将在逐案基础上评估来源于野生动植物的药品和生物制品，从而判定是否属于 21 CFR 25.21 中规定的特殊情况。

为了便于中心审查，在为关于药品或生物制品来源于动植物的生产行为提交无条件豁免声明时，CDER 和 CBER 要求申请人在声明中提供以下信息，并明确该信息的位置（例如该信息在申请中的页码数）。①生物检定（即常用名、同义词、变种以及具体的种、属和科）；②一份关于是否使用野生或人工养殖生物的声明；③获得生物量的地理区域（如国家、州、省）；④声明物种属于下列哪种类别：是否属于"濒危物种法案"及"濒危野生动物和植物物种国际贸易公约（CITEs）"中所列的濒危或受威胁的物种；是否属于其他联邦法律或美国作为缔约国的国际条约中规定的有权得到特别保护的物种；是否属于"濒危物种法案"及"濒危野生动物和植物物种国际贸易公约（CITEs）"所列的濒危或受威胁物种的关键栖息地，或者是否属于其他联邦法律或美国作为缔约国的国际条约中规定的有权得到特别保护的物种的关键栖息地。CDER 和 CBER 将使用这些信息来评估无条件豁免声明是否合理。

4. 生产及废弃物处理场地

FDA 发现按照监管条例生产和废弃物处理的场地，均符合全部适用的排放要求并对环境无显著影响，并决定不需要审查公司的生产及处理是否符合联邦、州和当地的环境法律。此外，作为安全性评价的一部分，CDER 和 CBER 通常要求生产结束之后和排放到环境之前，如果生物体系统存在对环境产生危害的可能性，需对生物体进行灭活。因此，CDER 和 CBER 通常不会要求在提交的 EA 中包含生产和废弃物处理的信息。然而，如果代理商或申请人按照由联邦、州或当地的环境保护机构发布的常规或特定的排放要求执行，但是该要求不能满足特定的排放情况并且该排放可能会危害环境，这时将有充足的理由要求在 EA 中体现生产制造以及废弃物处理的信息。涉及违背联邦、州或地方法律或保护环境的要求的行为可能会构成重大影响（40 CFR 1508.27（b）（10））。

5.40 CFR 1508.27 中关于"重大"影响的规定

环境质量委员会对"重大"进行了定义，以帮助判定某项行为可能对人类环境质量影响的重大程度。当评估是否存在需要提交一份 EA 的特殊情况时，应考虑这些以上内容（具体见原指南附件 C）。

四、准备一份环境评估提交给 CDER 和 CBER

（一）内容及格式

本部分介绍了如果需要提交环境评估，应该包含其中的基本信息要求。附件 D 中即体现了一份环境评估的大纲格式。申请人也可以使用其他格式，但必须意识到使用诸如该指南中所规定的标准格式，可以提高审查过程的效率。

1. 日期

EA 应包括开始制定的日期和任何后续修订的日期。

2. 申请人或请愿人的姓名

EA 中应该有确定的提交申请的申请人。

3. 地址

EA 中应包含所有可以联系到的通信地址。

4. 拟议行为的描述

（1）请求批准的内容

请求批准的内容应包括：药品或生物制品的申请号（如果有的话），药品或生物制品的名称、剂型和规格以及产品包装的简要说明。

例如"XXX 药品根据《联邦食品药品和化妆品法案》第 505（b）节针对以 OHDPE 瓶包装的"商品名称"（既定名称）（250mg 和 500mg）提交 NDA，并根据 21 CFR 第 25 部分提交环境评估（EA）。"

（2）行为的必要性

环境评估应简要描述药品或生物制品在诊断、治愈、缓解、治疗或预防疾病中的预期用途。

（3）使用地点

环境评估应明确产品使用的地点。根据产品的类型及用途，使用的地点通常为医院、诊所和 / 或患者家中。如果预期使用地点集中在特定地理区域，应明确阐述这一事实。

（4）处理场所

除非最终用户使用其他处理方式需预行讨论外，要充分说明各使用地点的处理程序：在美国医院、药房或诊所内，空的或部分空的包装将根据医院、药房或诊所制定的程序进行处理，或在患者家中，空的或部分空的容器通常会由社区的固体废物管理系统进行处理，其中处理方式可能包括垃圾填埋、焚烧和回收，不过微量的未使用的药物可以经下水道系统处理。

5. 确定作为拟议行为对象的物质

EA 应包含允许在科学文献中准确定位有关物质的数据以及识别密切相关的化合物的信息。如果有，至少应提供下列信息。对于许多生物制品而言，下述（1）③和（4）项均不适用。 如果认为有其他的信息可以鉴别该化合物，如国际非专利名称（INN）或非系统或半系统化学名称，也应将其包括在内。

通常只要求原料药或生物制品原料药提供该信息，但是如果该药品或生物制品中的活性成分不同于原料药或生物制品原料药，例如：由游离碱原位成盐，或通过从药理学上无活性的母体化合物转化成具有药理活性的相关物质，例如：将前药产物转化为具有药理学活性的形式，则也应该提供相同的信息。

（1）命名

①既定的名称（美国通用名称 –USAN）

②品牌 / 专利名称 / 商品名称

③化学名称或生物制品的属 / 种（例如病毒）

●化学文摘（CA）索引名称（反向形式）

●系统化学名称（非反向形式）

（2）化学文摘服务（CAS）注册号

（3）分子式

（4）分子量

（5）结构式（图解式）/ 氨基酸序列

6. 环境问题

所提供的信息的类型将根据与环境问题有关的特定行为的不同而不同。一般而言，环境评估应包括对环境问题的简明描述；应讨论对环境的影响程度以及受环境影响的程度，并酌情提供数据和分析以支持讨论。关于最有可能与人用药品和生物制剂有关的环境问题，在第"四、（二）"部分中提供了具体指导，对于下部分未具体涉及到的环境问题（例如，第"三、（三）4 和 5"部分未涉及到的环境问题），申请人可以在准备环境评估之前咨询相关中心。

7. 纾缓措施

该部分需陈述为避免或减轻与拟议行动相关的任何潜在不良环境影响而采取的措施。如果确定没有不良环境影响，同样应表明："因无不良环境影响，所以无需采取纾缓措施"。关于涉及动植物行为的纾缓措施的更多讨论信息，见第"四、（二）2.（2）"部分。

8. 拟议行为的替代

如果拟议的行为不存在潜在的已确定的不良环境影响，则应该在环境评估中加以说明。如果拟议的行为存在潜在的已确定的不良环境影响，环境评估中应"讨论任何合理的、具有更少环境风险的或者比拟议行为更环保的可替代的行为"（21 CFR 25.40（a））。该讨论应包括 FDA 或其他政府机构可能会采取的"不采取替代行为及措施"的情况以及申请人或请愿人将采取的"不采取替代行为及措施"的情况。在环境评估中，应对那些能够提高环境质量并且避免拟议行为产生的一些或全部的不良环境影响的替代行为，进行具体阐述。另外，还应讨论拟议行为的环境效益和风险，以及每种替代方案的环境效益和风险。关于涉及动植物行为的替代信息的讨论，见第"四、（二）2.（3）"部分。

9. 编制者信息

环境评估应该包括编制该评估的人的姓名、职称、资格（如教育程度），并且应该阐明所咨询的任何人员或机构。与测试实验室签订的合同也应该包括在咨询顾问列表中，即使该部分内容包含于保密附录中。其中履历表可以代替个人相关信息的描述而包含在内。

10. 参考资料

环境评估应包括所有引用的参考资料和用于生成支持评估数据的标准测试方法的列表。一般不可用的和用于环境评估文件中特定声明的参考资料的副本，应附在非保密附录中。

11. 附录

附录包括保密和非保密附录，关于机密信息处理的内容详见第"四、（五）"部分。附录列表应体现在环境评估摘要文件中，并在每个列表之后指明"保密"还是"非保密"。通常，非保密附录包含数据汇总表和通常不可用或者那些被用于支持环境评估文件中特定声明的参考资料的副本。所有者信息、产权信息或机密信息，如使用的评估和检验报告，也应包括在保密附录中。

（二）具体指南——环境问题

1. 评估对环境生物的毒性

如果需要一份环境评估，它通常应以确知与环境有利害关系的化合物的去向及影响为重点进行讨论研究。①当 FDA 批准本申请时增加活性成分的使用，并且活性成分进入水生环境的预估浓度 ≥ 1 ppb（见第"三、（一）"部分）；②当该物质在环境中自然形成，并且 FDA 的批准会对环境中该物质、其代谢物以及其降解物

的浓度和分布有显著影响的情况（见第"三、（二）"部分）；③
对于可以获得数据的行为，应当建立一个可能出现严重危害环境
的预期限度的情况（见第"三、（三）1."部分）。提供的信息应
该以活性成分和 / 或结构相关物质（SRSs）的去向及影响为重点，
而不是类似于辅料的相关信息。

研究中心鼓励使用合理的层次划分方法进行测试，以便获得足够
的信息来评估药品潜在的去向及影响，同时也可以最大限度地降
低工业成本。 图 6-1 提供了一份层次划分图解，也可以使用其他
科学合理的方法。

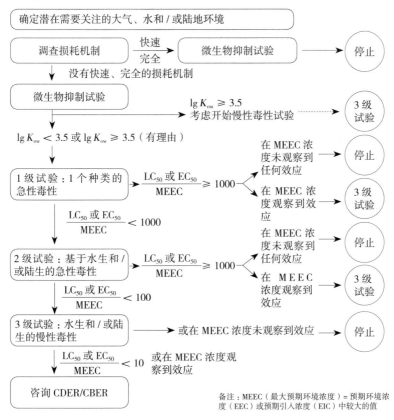

图 6-1 用层次划分方法进行去向和影响的测试

需提交的去向和影响的相关信息可以包括在检测物质时生成的特定的数据，也可以根据需要从提交者或专家审核的文献中获得类似化合物的相关信息。对于基本参数，从实际的实验数据获得通常会优于计算机建模中获得的，然而在某些情况下，采取计算机建模可能更合适。如果一个公司认为计算机建模获得的数据更合适，并且准备将模型用于环境评估时，应该提前咨询 FDA。

（1）排放的化合物在环境中的去向

①确定物质的利害关系

实际进入或存在于环境（即大气、水生、陆地）中的物质可以包括母体化合物（即原料药或生物制品原料药）或 SRSs，例如解离的母体化合物、代谢物或降解。环境评估中应当列出预期会进入或存在于环境中的原料药或生物制品原料药以及主要的 SRSs，尽可能的包括这些物质的名称、化学结构和 CAS 号；并对于将进行研究的物质给予合理说明。其中对于主要的 SRSs，应该考虑那些超过 10% 剂量的物质。

在大多数情况下，应提供关于进入环境的母体（或活性）化合物或生物物质等具有代表性物质的去向（或影响）信息。当 SRSs 与母体化合物或生物物质具有相同的基本结构，并且具有同等或更多的极性时，所提供的信息还应与 SRSs 有关。至少，环境评估中应该基于与母体化合物的结构差异和 / 或相似（例如，由于官能团的变化，代谢产物比母体化合物易溶或者 SRS 更具有极性），对主要 SRSs 的潜在去向及影响进行讨论。而结构 – 活性关系的计算机建模程序可能有助于从母体（或活性）化合物或生物物质推演出 SRSs 的去向或影响信息。并应提供 SRSs 相关的可获得的药理活性和毒性信息，而具体的 SRS 毒性 – 活性信息应包含在机密附录中，如果预期的化合物的去向与母体化合物不同，或者有迹象表明 SRSs 对环境的影响明显大于母体化合物和生物物质对于环境的影响，那么根据相关研究中心的咨询信息，应当保证提供更多的主要 SRSs 的环境资料。

②理化特性

应当进行下列检测，以确定该化合物是否最有可能积聚在水生、陆地和 / 或大气环境中：

● 水溶性；
● 解离常数（S）；
● 辛醇 / 水分配系数；
● 蒸汽压力或亨利定律常数。

如果有科学依据可以不执行测试，则应将该理由包括在环境评估中（例如，由于该化合物水解作用不稳定，因此不能确定其水溶性）。对于能够在水中缔合和解离的化合物，在进行水溶性和辛醇 / 水分配系数测定时，应当在 pH5 和 9 以及 pH7 下进行。

辛醇 / 水分配系数（K_{ow}）除了作为化合物亲脂性的指示剂外，还可以作为判定非离子化合物是否吸附土壤、沉积物或生物固体（即污泥）中有机物的指示剂，但对于无机化合物，金属有机络合物、离解化合物、离子化合物或其他分子大小的简化结构特征的化合物，并不是一个好的指示剂，如果 $\lg K_{ow}$ 大于 3 或其他性质表明存在吸附和解吸特性，那么还应该考虑进一步研究该物质对生物

固体的吸附和 / 或解吸性质。

③环境损耗机制

应当研究损耗机制以确定化合物在环境中是否存在降解，通常要求提供足够的基本信息来确定一个化合物通过损耗机制（例如基于分析方法验证或稳定性研究数据得到的光解和水解信息）从环境中去除的可能性，但如果已有研究过的典型的损耗机制（即水解、光解和生物降解），或其他确定的潜在损耗机制，就不用再费尽努力去研究这个损耗机制了。

如果使用损耗机制来降低预期的进入浓度或进行消除效应的测试，则需提供一份正式的、详细的分析报告（例如：根据标准测试方法，进行速率测定以及分析预期在环境中的存留时间）。

另外，还应当考虑降解的性质和程度。如果确定是快速且完全的损耗机制（降解物是相对简单的极性副产物），那么除了微生物抑制试验或其他适当的试验以确定化合物分解废料的处理流程之外，可以不进行确定化合物的环境影响的测试。 从处理设施排放之前的预估时间的角度，下列几种情况被认为是快速损耗机制：

水解 $t_{1/2}$（pH 5~9）：≤ 24 小时
需氧生物降解 $t_{1/2}$：≤ 8 小时
土壤微生物降解 $t_{1/2}$：≤ 5 小时

在考虑将光解作为损耗机制时应考虑以下因素：虽然直接和间接光解在实验室条件下是比较显著的损耗方法，但是由于环境中光强度的显著变化（例如，与天气、纬度和渗透深度有关）和暴露所持续的时间，在环境中，该损耗机制可能并不是一个快速的损耗方法。

④环境浓度

预期引入浓度（EIC）：物质最可能积聚在环境（即水生、陆地和大气）中的需评估的引入浓度。计算物质到水生环境中的预期引入浓度的方法在第"三、（一）2."部分描述，除了考虑在第"三、（一）1."部分描述的代谢之外，也应从患者使用角度计算进入水生环境的预期引入浓度（EIC），计算时可能要考虑发生在废物处理过程（如吸附、降解和水解）中的环境损耗机制，不过前提是能得到这些信息（见第"四、（二）1.（1）③"部分）。

当废水处理设施中的生物固体（包括吸附材料）被土地利用时，一些原料药或生物物质和活性成分可能会进入陆地环境，因此生物固体的土地利用受到环境保护局（EPA）或相应的国家部门监管。生物固体通常在废物处理设施中进行需氧或厌氧发酵。基于可得到的化合物的物理或化学性质，相当一部分的活性物质会被生物固体所吸附，因此必要的话，还应评估进入陆地环境的预期引入浓度（EIC），使用的计算方法将取决于典型的治理、排放和用途。目前每年产生约 680 万吨生物固体（折干计算），其中 54% 为土地利用，而剩余的生物固体会被焚烧、填埋或通过其他方式处理。当计算进入陆地环境的预期引入浓度（EIC）时，在能够获得相关资料的情况下，应考虑在废弃物处理过程中的损耗机制（例如生物降解和水解）。关于生物固体土地利用的其他信息可以从 EPA 的污水处理办公室获得（办公室网址：http：//www.epa.gov/owm/bio.htm）。

对于通过吸入给药的药品，不需要按照常规计算进入大气环境中的预期浓度，因为对于这些药物的大多数而言，活性成分或其他相关的化合物并不会释放到空气当中，但是，对于主要释放到空气中的产品（例如医用气体），就应当考虑 EIC 的计算。

CDER 和 CBER 定义了用于消费者完成处理的 FDA 监管法规中规定的物品。通常，无需计算由处理产生的 EIC，因为大多数药物产品将被完全消耗，并且任何残余的废料通常将在由 EPA 或相应的国家机构管制的垃圾填埋场或焚烧设施中处理。相关机构已经考虑了这些设施在其许可过程中的操作对环境的影响，并且要求采取相应控制措施（例如，洗涤器、有衬里的填埋场，迁移测试）以限制材料释放到环境中。如果存在大量材料需要处理，但未通过填埋、焚烧或其他由环境保护局或相关国家机构管理批准的程序进行处理时，此时应当计算由处理产生的 EIC。

预期环境浓度（EEC）：预期环境浓度（EEC）有时也被称为预测环境浓度（PEC），是生物体将暴露于环境中的活性部分或其他相关化合物的浓度（例如，表面水）。在考虑了例如空间、时间浓度或损耗因子（例如稀释、降解、吸附和／或生物累积）之后，可以基于空间和时间浓度或消耗因子，对预期引入浓度进行调整，从而获得预期环境浓度，但同时应提供辅助信息和／或讨论，以解释计算预期环境浓度时使用的因子。应根据目标化合物的物理和／或化学特性，为每个预期受影响的环境部分（水生，陆地，大气）计算浓度。在大多数情况下，由于稀释的原因导致预计的水生环境的 EEC 显著小于水生环境的 EIC。基于从 EPA 获得的 POTW 的稀释因子，用 1/10 稀释因子计算水生环境的 EIC，从而估算出水生环境 EEC 的水平。

⑤总结

应根据环境评估中提供的信息和数据以及明确的该物质可能在每个环境中的主要积聚，对每个环境中该物质的去向作简要讨论。在某些情况下，在确定相关物质在环境中的去向时，应考虑该物质在环境与环境之间的转移。

水生环境：一般来说，药物物质主要进入水生环境，因此任何效应研究的重点很大程度来说就是水生生物。只有当相关物质快速降解（见第"四、（二）1.（1）③"部分）或者完全和不可逆地吸附到生物固体上，通常情况才不会考虑在水生环境中的去向和影响。

陆地环境：一般来说，进入陆地环境的主要物质是从废水处理厂出来并紧接着进入土地利用的生物固体。因此，一旦化合物吸附到生物固体上，则极大可能会对陆地环境产生影响（见第"四、（二）1.（1）②"部分）。生物固体通常在废物处理设施中经过各种需氧或厌氧发酵；只有一部分生物固体会进行土地利用，而其余的将被焚烧或填埋。如果测试表明相关物质会显著吸附于生物固体上（例如，$K_{oc} \geq 1000$），则应考虑该物质在陆地环境中的去向和效应研究。

大气环境：尽管实际挥发速率取决于环境条件（例如：远离蒸发位点的分散）以及能够减少或增强化学品在液体－空气或固体－空气界面处的有效蒸气压或行为的因素，但是通常不容易吸附到土壤中，且具有高蒸气压与低水溶性的物质可能会从水生或陆地环境中挥发。大气环境一般都与医用气体有关，但是基于大多数化合物在相关水生环境条件下极性的了解，对于很多其他药物而言，不可能从水生环境到大气环境进行独立分区。因此任何物质挥发和再循环到水生或陆地环境的可能性都应根据该物质的相关信息和数据进行讨论。

（2）释放物质的环境影响

分层的环境影响测试方法（见下文，通过方法 3 和图 6-1 进行的微生物抑制试验）、如果没有确定的快速、完全的损耗机制，那么应该假定化合物会在环境中持续一段时间，并且应评估释放物质对环境生物体的毒性。在设计研究时应考虑该物质的去向。对于进入大气环境的化合物，应基于物质回收进入水生或陆地环境的程度来设计测试方法。药物或生物物质的所有毒性试验结果应用活性成分的数量和 / 或浓度的形式进行报告。当使用这种分层方法进行效应测试时，设计合理的测试条件对于保证没有观察不到的效应浓度是至关重要的。

微生物抑制试验：应进行微生物抑制试验或其它相应的试验（例如呼吸抑制试验）以评估相关物质抑制微生物并随后中断废物处理过程的可能性。

评估因子：评估因子旨在为确定何时进行额外的生态毒性测试（分层方法）提供相应的规范基础。它们与有效的生态毒性数据的数量直接相关。如果 LC_{50} 或 EC_{50} 或其他合理的试验终点除以最大预期环境浓度（MEEC：EIC 或 EEC 以较大者为准）所得值小于评估因子，应进行额外的试验。使用除 LC_{50} 以外的 EC_{50} 或试验终点，应限于 LC_{50} 不是试验终点的生物体。

测试层级如下表。

测试层级	评价因子
1	1000（见下文）
2	100（见下文）
3	10（见下文）

也可以使用其他科学合理的试验方法。

1 级试验：急性生态毒性试验应在至少一个合适的生物体上试验（见 2 级试验的基础组）。如果 EC_{50} 或 LC_{50} 除以 MEEC 大于或等于 1000，则不应进行进一步的试验，除非在 MEEC 处观察到亚致死效应。如果 EC_{50} 或 LC_{50} 除以 MEEC 小于 1000，应进行 2 级试验。在 MEEC 浓度处的亚致死效应（观察到的效应）表明应进行慢性毒性试验（3 级）。如果有证据（例如类似化合物的 2 级试验），评估因子 100 可用于 1 级测试，以支持说明单一试验生物体将是基础组中最敏感试验生物体。 如果化合物可能会分散到水生和陆地环境中，通常只对水生试验生物进行测试就足够了，因为 CDER 在日常审查中发现，与陆生试验生物相比的水生试验生物的低毒性的结果报告。

2 级试验：急性生态毒性测试应在水生和 / 或陆生生物的最小基础组中进行。水生基础组通常包括：①鱼类急性毒性试验；②水生无脊椎动物急性毒性试验；③藻类生物测定。 陆生基础组通常包括：①植物早期生长试验；②蚯蚓毒性试验；③土壤微生物毒性试验。如果物质与土壤紧密结合，通常只需进行蚯蚓毒性研究。啮齿动物急性毒性不包括在陆生基础组中，因为通常需要进行大量的急性和慢性哺乳动物（例如小鼠、大鼠、狗、猴、人）毒性试验，以支持接下来的申请，并证明药物或生物制品的安全性。在开始任何陆生生物研究之前，建议先与 CDER 或 CBER 进行协商。

如果基础组中最敏感生物体的 EC_{50} 或 LC_{50} 除以 MEEC，所得值大于或等于 100，则不应进行进一步的试验，除非在 MEEC 浓度下观察到亚致死效应。如果 EC_{50} 或 LC_{50} 除以 MEEC 小于 100，则应进行 3 级试验。在 MEEC 浓度处的亚致死效应（观察到的效应）表明应进行慢性毒性试验（3 级）。

3 级试验：如果化合物存在生物累积或生物浓缩的可能，如果 1 级试验和 / 或 2 级试验表明，或者如果有其他迹象表明化合物经历生物转化为更具毒性化合物，则应考虑慢性毒性试验。

生物累积或生物浓缩是一个复杂、动态的过程，其取决于环境中化合物的可用性、持久性以及物理和 / 或化学性质。通常，药物并不倾向于极亲脂性的，并且与工业化学品相比，其生产量和 / 或使用也相对较低。对于人用药品而言，大多数药物一定程度上会代谢为 SRSs，相对于母体化合物，其更具极性，毒性更小，药理活性更低，这表明药物进行生物累积或生物浓缩的可能性低；然而，考虑到进行慢性毒性研究所需的时间长度，鼓励申请人尽早明确哪些化合物作为研究的候选化合物。

生物积聚潜在可能性的主要指标是化合物的辛醇 / 水分配系数（K_{ow}）。高辛醇 / 水分配系数表明该化合物趋于亲脂性。如果化合物的 lgK_{ow} 在相关环境条件（例如 pH=7）下大于因素或等于 3.5，则应考虑进行慢性毒性试验，如果不进行慢性毒性试验，则应给出理由。限制生物膜通过的（例如分子大小、极性）或对环境生物体缺乏生物利用度（例如对土壤的强吸附）的结构特征，是需

要在确定对于 K_{ow} 大于或等于 3.5 的化合物的生物累积（生物浓缩）是否为关注点时考虑的缓解因素。获得待测生物的急性毒性数据，对于正确设置慢性研究的浓度是重要的。如果环境评估的准备者正在考虑启动慢性毒性研究，建议与 CDER 或 CBER 进行协商，以确保这些研究是合适的且有正确的设计。

对于慢性毒性试验，如果 EC_{50} 或 LC_{50} 除以 MEEC 大于或等于 10，则不应进行进一步的试验，除非在 MEEC 浓度下观察到亚致死效应。如果 EC_{50} 或 LC_{50} 除以 MEEC 小于 10 或者在 MEEC 浓度下有亚致死效应，则应咨询 CDER 或 CBER。

试验方法和试验生物体： 应使用经 FDA 环境评估技术手册、EPA（40 CFR 797）、经济合作与发展组织（OECD）或其他同行评审机构确定的用于环境研究的试验生物体和方法进行研究。 如果药品或生物制品旨在作用于环境有机体（例如抗寄生虫、抗生素），则应包括关于靶生物体的毒性的信息。

（3）总结

应提供关于相关物质在环境中的去向和效应的简要讨论，内容应包括所受影响的环境（水生、陆地或大气）的讨论。 毒性试验结果应与 MEEC 和所讨论值之间的差异（例如，以评估因子的方式，> 1000、> 100）进行比较。另外，将毒性试验结果与其他预估的环境浓度联系起来也是可行的（见第"四、（二）1.（1）④"部分）。

2. 动物或植物的使用

如果因为动植物的使用是环境问题（见第"三、（三）2. 或 3."）而要提交一份环境评估时，该环境评估应包括关于动植物来源的具体信息，与采收资源相关的纾缓措施，以及合理替代方案的讨论。

（1）资源的使用

与植物或动物来源有关的信息，如生物鉴定、政府对采收的监管，获得生物量的地理区域以及采收方法和技术，都应包括在环境评估中。环境评估中应包括但不限于以下类型的信息。

●生物鉴定（即通用名、同义词、类型、物种、属和科）。

●一份关于是否使用野生或栽培标本的声明。

●获得的生物量地理区域（如国家、州、省）以及采收地是在公共还是私人土地。

●简要说明政府对采收的监管，包括采收申请许可证以及当局对采收的商议决定。尽可能提交与特定物种有关的许可证或采收规定的副本。对于CITES所涵盖的物种，CDER或CBER可以要求相关许可证的副本。

●简要说明申请人对采收资源的管理。

●一份关于物种的表明：①是否是"濒危物种法"或"濒危野生动植物种国际贸易公约（CITES）"确定为濒危或受威胁的物种；②是否是根据其他联邦法律或美国是缔约国的国际条约，享有特殊保护的物种；③根据"濒危物种法"或"濒危野生动植物种国际贸易公约（CITES）"确定为濒危或受威胁物种的关键栖息地，或根据其他联邦法律或美国是缔约国的国际条约，享有特殊保护的关键栖息地。

●一份关于动植物使用部分的描述以及关于其是否是可再生资源的声明。

●采收方法的详细描述包括诸如采收类型（例如，皆伐或者先从用材林捡拾，之后净切边、回收、修剪）、采收频率、采收技术是否会影响生态系统（如果影响的话，是怎样采取措施的），以及采收是否根据政府法规或指南（包括引用的适用法规或指南）进行。

●用于产生 1kg 活性成分或生物物质所需的生物量，以毛重计或以其他适当的量度计，迄今已采收的用于支持该产品拟议行为的数量以及预期未来仍需采收的数量。

●产生用于治疗患者平均使用的活性部分或生物物质所需的生物量，并且应用易于理解的术语阐述（例如：每个患者 2~3 棵树）。

还应提供每年预期的患者人数和所需的活性部分或生物物质的千克数。

●估算获得生物量地区的动植物总数。

●除了拟议用途（用于人类、食物来源以及动物栖息地）外的动植物的其他用途。

●动植物生长速率和 / 或生命周期，并尽量提供繁殖 / 再生的速率。

●采收是否能够持续提供产量的讨论（例如：基于拟议用途和任何先前批准的用途所需的年需求量，可持续采收的百分比）。

（2）纾缓措施

在采收之前（例如开发使用植物可再生部分的程序）、期间（例如限制/选择要采收的样本）和之后（例如重新造林）的纾缓措施应包括在纾缓措施的讨论中（参见 40CFR1508.20）。

（3）拟议行为的替代方法

必须提供在决定使用哪种生物来源生产活性部分或生物原料时所考虑的合理替代方案（21 CFR 25.40（a））。还应讨论所有被考虑的替代品（例如，其他物种、野生或人工培育的资源、化学合成）。应提供在决定是否使用替代品时考虑相关因素（例如环境影响）的简要讨论。还应讨论暂不采取（即不批准）的替代办法，即表明目前未使用的任何替代方法是否计划在将来使用。

（三）数据汇总表

为了便于审查，环境评估的数据汇总表应尽可能附在非保密附录中（参考环境评估格式要求中 11 的内容）。也可参考原指南附件 E 中提供的数据汇总表的例子。

（四）试验方法及报告格式

试验方法及报告格式在 FDA 环境评估技术手册中有提供。可以使用例如 EPA（40 CFR 796 和 797）、经济合作与发展组织（OECD）或其他经过验证的同行评审过的可使用的试验方法。环境中去向研究应符合 FDA 当前的生产质量管理规范（cGMP）规定（21

CFR 211.194）或 FDA 实验室管理规范（GLP）规定（21 CFR 第 58 部分）。提交的支持去向试验的报告应包括充分的试验方法的描述，以便审查者确定方法的科学价值。环境效应研究的试验性能和试验报告应符合 FDA 规定的 GLP 标准。关于试验报告格式的相关指南可在 FDA 环境评估技术手册或 40 CFR 第 796 和 797 部分中找到。原始试验数据（例如记录的副本、每项测定的 HPLC 色谱图）不应包括在环境评估中。

（五）机密和非机密信息

在环境评估中提交的某些信息可能已经在申请或其他公开可用的文件中提到，那这些信息可以通过引用方式编入环境评估中（21C.FR 25.40（d））。但是，环境评估的摘要文件（包含第"四、（一）"部分建议提交的文件）应为独立文件，其中包含通过引用编入的公开信息摘要，并尽可能包括机密内容摘要，即通过引用编入或包含在环境评估机密附录中的信息（21 CFR 25.51（a））。按照环境质量委员会颁布规定中的要求，该环境评估将由 FDA 公布。因此，环境评估应尽可能包含下列三个不同部分：①环境评估摘要文件（见第"四、（一）"部分），该部分为非保密内容；②非保密附录；③附有用于支持环境评估的机密信息。与拟议行为的环境审查有关的机密数据和信息应尽可能包括在保密附录中，以便于环境评估的审查。所有保密附录应附在环境评估文件的最后一部分。对非保密和保密附录的引用可酌情包括在环境评估摘要文件中。在适用法律（21 CFR 25.50（a）和（b））允许的范围内，环境评估摘要文件、非保密附录和 FONSI 可供公众检查。

原指南附件 F 中提供了关于哪些信息可以包括在环境评估保密附录中的大致指导。申请人有责任清楚地识别在环境评估中被认为是保密信息的内容。

（六）药品和生物制品主文件

CDER 和 CBER 不负责药物主文件（DMF）或主文件（MF）[即，他们对提交的 DMF（21 CFR 314.420（a））或 MF 不进行批准或不批准]。因此，NEPA 不适用，且对于环境评估是不需要提交主文件的。

然而，对于特定的申请是需要环境评估的，在主文件中可能需要提供解决相关环境问题的信息。在这些情况下，寻求市场批准的申请人应将非保密信息包括在环境评估的摘要文件中，而不是引用主文件。主文件持有人可以是申请人或想要限制申请人对专有信息访问的独立制造商。尽管这些信息必须尽可能概括并编入环境评估中以供公开发布，但是也可以在保密信息中引用主文件。为了加快环境评估的审查，CDER 和 CBER 希望尽可能地将主文件中保密信息的副本附于环境评估的保密附录中。如果提交的授权书中引用了主文件的保密信息，则应当说明要引用的信息的具体类型、提交日期和页码。对主文件的引用应包括在保密附录中，因为根据"信息自由法案"（FOIA），此类引用被视为商业机密信息。

FDA

第七章
医疗器械指南

第一节 | 用于药品和生物制品的笔型、喷射型及相关注射器的技术考虑

Technical Considerations for Pen, Jet, and Related Injectors Intended for Use with Drugs and Biological Products

一、简介

FDA 发布此指南文件来描述 FDA 对于申请上市的旨在药品或生物制品中使用的笔型、喷射型或相关注射器的期望的技术和科学信息。

就本指南而言，注射器包括但不限于以下类型：喷射型注射器、笔型注射器、活塞注射器、无针注射器、机械操作注射器和计算机化或含电子元件的注射器。

笔型、喷射型和相关的注射器可根据不同的规定进行销售。例如，对于通用的笔型注射器，根据 21 CFR880.5860（产品代码 NSC）或 21 CFR880.6920（产品代码 KZH），将其规定为 II 类设备；通用的喷射注射器器，包括有针或无针注射器，根据 21 CFR880.5430（产品代码 KZE），将其规定为 II 类设备。通常这种通用注射器是由 CDRH 监管。当注射器与特定药品或生物制品组合时，包装或贴标签用于特定的药品或生物产品时，它们可以是

组合产品。

本指南并不适用于只有唯一用途的注射器穿刺辅助装置（在 21 CFR890.5050 中产品代码为 IQG）或输液器（在 21 CFR880.5440 中产品代码为 FPA）。此外，本指南不适用于牙科手术气体动力喷射注射器（在 21 CFR872.4465 中产品代码为 EGQ），或牙科手术弹簧动力喷射注射器（在 21 CFR872.4475 中产品代码为 EGM）。

本指南是对其他 FDA 指导性文件的补充，适用于关于上市申请的具体内容要求和你的产品的任何电子和软件组件。在部分本节"五、"部分列出了一些其他指南，为正在开发的用于药品和生物制品的笔型、喷射型或相关的注射器提供相关指导。

二、背景

笔型、喷射型以及相关的喷射器可以为药品或生物制品提供新型的递药方法，这些方法可以提高安全性，改善剂量准确度，并增加患者依从性，特别是对于自身给药的方式。例如，这些注射器被设计成能为包含在药筒、储器或注射器中，并通过自动或手动插入皮下注射针或通过高速注射剂注射的一剂药物提供准确剂量。该设计旨在能够让医护人员使用或患者自我给药。注射器可被设计为单次使用或多次使用，并且可以是一次性的或可重复使用的。例如，单次使用的注射器可用于急性介入治疗或预防中，而多剂量注射器可以用作单个患者长期治疗方案的一部分。

注射器可以分为三个基本用途类型。第一种，用于广泛的药品 / 生物制品的通用注射器；第二种，用于某一类 / 家庭药品或生物制品，或具体的产品线的注射器；第三，用于特定的药品 / 生物制品注射器。例如有以下方式：①将药品 / 生物制品预填充在内；②与药物 / 生物的共同包装；③分开包装但标示一起使用。

对注射器有不同的监管要求，比如说预期用途、技术特性、计划的标签和包装。例如，如上面所指出的那样，用于广泛的合法已上市的药品 / 生物制品的通用注射器（即没有特定的药物或生物产品），根据上市前规定（510（K））通常被规定为第 II 类的医疗器械。同样，用于某一类 / 家庭的药品 / 生物制品的注射器，根据 510（k）条款通常被规定为 II 类医疗器械。拟用于特定药品 / 生物制品的注射器，根据 21 CFR 3.2（E）通常被认为是组合产品。组合产品是基于主要行动模式（PMOA）来进行指派监管的。用于药品或生物制品的组合产品的 PMOA 是由 CDER 或 CBER 来监管。对于组合产品，包括注射器和药品 / 生物制品的组合产品，只需要提交一个上市申请即可，此申请通常是 NDA 或 BLA。

本指南侧重于在制造商开发笔型、喷射型或相关注射器时和递交上市申请时的科学和技术考虑。并提供了适用于上述所有注射器的注意事项。它还为那些依据 510（k）审查和以 NDA 或 BLA 形式提交组合产品的注射器审查提供了通用内容和格式的信息。

三、上市前提交的科学和技术考虑

（一）注射器的简介

鉴于注射器设计的范围，我们建议上市前提交内容包括：产品、使用说明和使用条件的全面描述。根据产品的不同，提交文件应包括以下内容（如适用）。

1. 标识

拟议的注射器应采用下列信息来标识：

● 注射器的商品名或专有名称；

● 相关的名称；例如注射器的通用或其他名称；

● 器械分类监管（例如 21 CFR880.5860）和产品代码（例如 NSC）。

2. 使用说明

拟议的说明应包括以下项目：

● 患者群体（例如医疗障碍、人口统计学）；

● 注射部位（药品 / 生物制品注入身体的部位）；

● 预期的注射组织和注射深度（例如皮下、肌内、皮内）；

● 使用类型（例如作为单次的、一次性的、可重复使用的或可再填充的个体患者使用的注射器）；

● 产品用途（例如通用的或用于一类产品的、家庭的、产品系列的或特别命名的药品或生物制品的使用）；

● 目标用户（例如，患者、护理人员、医护人员）。

表 7-1 对以上信息进行了具体说明。

表 7-1   注射器使用类型和目标用户描述

使用的类型	描述
单次使用	单次使用后，将整个注射器和主容器封闭器或药物容器丢弃
一次性的	注射器可对单个患者使用不止一次，但使用时必须是同一个主容器封闭器或药物容器，药物用完后丢弃
可重复使用的	注射器可以对一个指定的患者多次使用，但只能更换主容器封闭器或药物容器
其他类型的	其他独特的使用类型或目标用户条件的类型
目标用户	**描述**
个人使用	自身给药或通过护理人员
专业人员使用	由医疗机构或公共机构内的医护人员对指定患者使用

3. 使用条件的说明

注射器使用条件的讨论应包括：

● 注射方法（例如手动活塞、弹簧负载、气体、喷射等其他方式）；

● 使用注射器递药的药品 / 生物制品；

● 剂量类型（例如单剂量、多剂量、可调节剂量）；

● 包装形式（例如，将药品 / 生物制品预填充在内的注射器，与药品 / 生物制品共同包装的形式，分开包装的形式）；

● 使用环境（例如家庭、学校、战场）；

● 预填充注射器的存储、处理和其他使用的因素，例如制冷、环境条件和 / 或在注射器使用之前避光室温保存。

4.药品 / 生物制品注射说明

如上所述，注射器的三种不同的使用类型：①旨在用于广泛的合法销售的药品 / 生物制品的通用注射器；②旨在用于特定类别的或产品线的合法销售的药品 / 生物制品的注射器；③仅用于特定药品 / 生物制品的注射器。总体而言，对药品 / 生物制品的描述信息应反映如下的问题，应适用于每个注射器配置和用于注射的药物 / 生物产品。

（1）通用注射器

通常情况下，通用注射器应符合 510（k）中上市前通知流程的规定。为了使 FDA 清楚市场上的每一个通用注射器，一个注射产品（包括药品或生物制品）至少已经按照 510（k）提交了使用剂量、速率、途径、配置等信息并且已经批准，对于通用注射器，除了其他适用指南中建议的信息外，申请中注射说明部分还应包括以下内容。

●目前批准和销售的药品 / 生物制品地名称，并针对该通用注射器提出了剂量、速率、途径和注射的方法。提交内容应包括目前市场上使用该注射器，且经批准的药品 / 生物制品范围内的代表性产品的最新标签副本。具体来说，对于每个可注射产品及其批准稀释使用的产品，提交内容应包括已批准的稀释剂的标签副本和已批准需稀释使用的药品 / 生物制品的标签副本。经批准的药品 / 生物制品的标签应标明该产品被批准的可用的剂量、速率、途径以及注射器的注射方法。所述剂量一般用浓度或体积来计量；注射途径包括：皮下、皮内、肌内或静脉注射；速率反映了通过手动活塞式、动力、喷射或其他力量注射产生的流量差异。

●药品／生物制品的特性和成分是否与该注射器材料和性能特征相兼容。FDA 将使用该部分信息作为终端器械标注。如果无法确定不兼容的药物／生物产品特性，则应提供为什么不对特性进行测试的科学依据。成分方面应考虑的因素包括活性和非活性成分、pH、黏度、防腐剂以及与水或油基特性有关的渗透压。如果正在考虑提交通用注射器的代表性的产品数据（而不是与特定的药品或生物制品相关的测试），请与 CDRH 联系并讨论这种代表性的测试是否适合于该提交内容。（有关通用注射器性能测试的更多信息，请参见第"三（四）"部分）

（2）用于一类产品、具有特定产品线的或特定的药品／生物制品使用的注射器

如果注射器旨在用于特定药品／生物制品、一个明确的产品线以及一个系列产品的递药时，提交的内容应包括以下几点。

●对于经批准的注射产品是用品牌和／或通用名称以及标签说明进行注册的产品。在这种情况下，FDA 将考虑是否批准将目标产品、产品线或类别产品用于该剂量、速度、途径以及注射方法的注射器。因此建议提交的内容应包括与该注射器一起使用的已批准的系列药品／生物制品的最新产品标签的副本。对于一些产品线少且有一致产品特性的产品，可以只提供该产品系列中的一个代表性药品或生物制品标签副本。（有关这些产品性能测试的更多信息，请参见第"三、（五）"部分，有关标签的其他信息，请参见 I.H. 部分）

●目前被批准的需使用必要配置注射器的销售产品的文件。

对于将注射器与未经批准的药品或生物制品一起使用；或与已批准的药品或生物制品一起使用，但以新的途径、剂量、速率或注射方法进行使用，相关中心将确定药品 / 生物制品上市前审查的必要数据，以及未经批准的产品和注射器的适当类型的提交。想了解更多信息，建议与组合产品办公室联系，以确定主导方向。

如果将注射器提供给制药公司（或实体，如其他上市申请的持有人）以进一步制造、预充填或共同包装，但又希望维护该注射器的某些保密信息，可以在向 CDRH 提交器械主文件的同时向 FDA 提交 有关该注射器的专利信息。与此同时，也应该提供授权书给执行附加制造步骤或者依据所提供信息生产的其他公司或申请的持有人，以便当其他公司提供自己的上市申请（即 NDA/BLA）时，可以引用器械主文件。对于预填充注射器和与药品 / 生物制品共同包装的注射器，上市申请中应明确哪些申请持有人 / 制造商 / 供应商将进行预充填、共同包装等其他制造步骤去生产最终的上市产品。有关其他程序信息见第"五"部分。

（二）设计特点

设计特征包括注射器的技术规格、可注射产品的特性、注射器配置（例如一般用途、预填充或共同封装）和涉及到的人员因素，以确保产品安全和有效使用。当根据 510（k）提交通用器械时，以下 1.~6. 中的设计信息应该与实际器械相比较。

1. 现有递药方式的比较

为了便于注射器的监管审查，制造商可以将其注射器的各种设计特征与类似合法销售的产品特征进行比较。比较的目的基于注射器的使用和途径不同而不同。

（1）通用注射器（510（k）途径）

按照510（k）的销售途径需要证明与合法销售的实际器械具有相同的实质。以下是510（k）规定的提交中应提供的比较信息的例子。有关其他信息，参见第"三、（四）"部分的性能测试。

● 按照510（k）提交的实际的数量；

● 新的注射器的使用说明；

● 使用条件；

● 注射部位；

● 注射途径下针的插入深度（适用时）；

● 注射器寿命；

● 兼容墨盒；

● 兼容针（适用时）；

● 剂量、剂量精度度、注射速率、注射频率和精确度（包括确定剂量的方法）；

● 能量源；

● 外型尺寸；

●重量；

●设计特点；

●制造材料；

●性能规格和属性（例如，力、压力）；

●针腔和喷射型注射器的喷嘴孔的大小（适用时）；

●与该注射器一起使用的药品 / 生物制品。

（2）预填充注射器、用药品 / 生物制品共同封装的注射器或与药品 / 生物制品单独配给的注射器，通过 NDA/BLA 途径进行上市。

对于预填充注射器、共同封装注射器或与药品 / 生物制品单独配给的注射器通过 NDA / BLA 途径进行上市，用于特定药品 / 生物制品的特定注射器，都需经过上市前提交审查和批准。在大多数情况下，根据 510（k）要求的通用注射器的数据不足以说明以 NDA/BLA 形式提交的组合产品的器械组成部分的安全性和有效性问题（即为了证明能够安全有效地通过组合产品来使用特定的药品 / 生物制品）。例如，一般使用是不包含关于专用药物 – 注射器组合、其特定特征或预期患者群体的特定的安全有效信息的。因此，应在提交资料中包括注射器 – 药品 / 生物制品的具体数据。此外，如果用于药品 / 生物制品的注射器，出现类似注射途径、注射方法或批准的药品 / 生物制品的其他特征的改变，那么 NDA/BLA 应当包括与其他批准的药品 / 生物制品递药方式相比较的相关数据（例如，药代动力学或口服、静脉内、肌内或皮下给药的其他方式）另参见第"三、（四）"部分。

2. 工程设计图纸和照片

建议提供注射器工程组件和装配图，其中包括以下主要功能组件。

● 流体路径和容器；

● 电源；

● 用于设定所需剂量的剂量设定装置，如刻度盘。

此外，还应提供以下信息：

● 注射器的视图和照片以及药物递药的过程图示；

● 有关键尺寸和公差的工程图；

● 注射器包含的组件列表。

3. 剂量设置和注射管理

为了使 FDA 评估注射器将预定注射体积的目标药品 / 生物制品可靠和可重复地递送到靶组织的能力，并与实际注射器的可靠性和可重复性进行比较（或其他适当的递药方法），当使用新的和实际的注射器时，建议提供关于设置和管理药物 / 生物剂量过程的描述，包括以下内容（如适用）：

● 在临床使用时组装注射器；

●装载药品 / 生物制品；

●启动注射器；

●预先设定剂量；

●检查药品 / 生物制品；

●为注射准备和定位；

●调整剂量；

●使用后，复位；

●更换和处理针头。

同样，还建议包括（如果适用）：

●注射器的电源的描述；

●控制描述，例如剂量指示器、激活状态和储存容量；

●确保腔室或药筒中的药品 / 生物制品能足够用于所需递送体积的方法和机制；

●不完全或部分给药频率的讨论，或出现过量事件以及补救这些事件需采取的行动；

●用于递送药物品 / 生物制品所需的时间；

●如果注射器具有可缩回的固定针，则讨论如何设计确保在针缩回之前将递送全剂量；

●对于喷射型注射器，需描述喷嘴的设计（例如，单孔、不同尺寸的多个喷嘴 / 喷孔）；

●对喷射型注射器正确操作所需的所有附件的描述，即使它们不属于该注射器上市销售的一部分，或者也不是被引用的批准产品的一部分（例如压缩空气调节器、转移装置、IV 鲁尔锁定无针连接器、针和 / 或针阵列）；

●如果需要由用户进行组装，则需要详细描述注射器的组装方式；如果注射器是预填充的，则详细描述药品 / 生物制品是如何包含在注射器内的。

4. 刻度线和填充线

刻度标记和填充线可用于帮助用户设定正确的剂量或用于验证设定的剂量。建议将这些标记包含在注射器的设计中，以便在以下情况下，根据批准的药品 / 生物制品标签使用合适的计量。

●注射器旨在递送多剂量的药品 / 生物制品；

●剂量可由用户调整；

●注射器旨在提供单剂量的特定药品 / 生物制品，并且与低剂量或过量给药相关的风险是至关重要的，需由风险分析确定。

当使用刻度标记或填充线时，提交内容应包括这些标记准确性的验证。如果刻度标记/填充线不可行，那么提交应提供另一种方法来提醒用户是否会发生不足量或超量可能。

5. 药品/生物制品的外观检查

在某些情况下，递送的药品/生物制品具有在注射前需要目视检查产品的标签说明（确保符合 21 CFR 201.57（C）（3）（iv）中对剂量和管理标签部分的要求，包括以下不经消化道带进入体内的注射剂原文声明："在肠溶液和容器允许的情况下，肠外药品应在给药之前肉眼检查有无颗粒物质和变色）。因此，注射器的设计应允许进行适当的检查。例如，对于预填充的注射剂，应有用于未来或重复剂量使用的药筒，也就是说一旦被放入注射器中就不能被移出，所以注射器设计应当允许在注射器内的药品/生物制品具有适当的可视性。此外，检查应允许药品/生物制品名称和浓度/强度可视性，以尽量减少用药错误。

6. 安全特性

注射器可具有多种安全特征，以确保剂量精确，并防止锐器伤害。除了刻度/填充标记以及目测检查外，这些安全特性还可以包括听觉、视觉和触觉感知，以及开关和机械保护。因此建议描述出注射器所有的安全特性包括报警、警告以及开关，其目的及使用说明，并提供测试以证明安全特性都能按预期执行。如果注射器有锐器伤害预防功能（例如可伸缩针头），建议解决"关于具有锐器伤害预防功能的医疗器械上市前通知的补充指南"（2005年8月）中讨论的问题，该指南可搜索以下网址获得：http://www.fda.gov/MedicalDevices/DeviceRegulationandGuidance/GuidanceDocuments/ucm071663.htm。还可以参考 FDA2011 年公布的"针头以及其他锐器 – 卫生保健机构外的锐器安全处理"通知，网址：

http：//www.fda.gov/ MedicalDevices/ProductsandMedicalProcedures/
HomeHealthandConsumer/ConsumerProducts/Sharps/default.htm.。

还建议考虑对整体产品以及包括注射器和注射用药品 / 生物制品
进行风险分析，既包括注射用注射器和药物 / 生物产品注射器进
行风险分析。具体而言，应对使用与用该注射器递送药品 / 生物
制品的相关的患者群体使用该药品的人为因素特征，进行风险评
估。有关人为因素的更多讨论见下文"三、（二）7."和"三、（六）"
部分）

7. 人为因素设计考虑

注射器的设计应考虑到预期用户群体、预期适用范围和使用环境。
例如，在家庭使用的人群中，这些因素应包括年龄、注射部位的
组织特征以及任何限制注射器用户群体感知、强度、移动性以及
手动灵巧性的因素，针对那些可能有视觉障碍或手指不灵活使用
人群的注射器，可能需要设计可以弥补这些缺陷的功能，例如听
觉警报，可以使注射器更容易控制。同样，打算供军方使用的注
射器也应考虑到注射器储存及使用的各种环境条件（例如在沙漠
或热带气候或寒冷条件下，以及各种高度，例如在飞机或潜艇上），
以及与环境条件有关的其他因素包括环境照明、噪声和用户身体
活动水平。在注射器的设计和开发过程中，应仔细评估这些因素
如何影响注射器的安全和有效使用，以及如何减轻它们的影响。
（有关人为因素的进一步讨论，参见第"三、（六）"部分）

（三）注射器的结构和制造材料

上市申请中应明确所有已知的注射器的组成材料以及在注射器结
构中使用的制造材料。对于根据 510（k）提交的通用注射器的每
个部件，请注明所有材料的性质与组成，并明确与实际注射器存

在的差异。提交材料还应包括提供化学品、等级和品牌名称,并注明哪些材料已经或将会影响流体路径,并明确任何不同于实际注射器的组件或材料(例如塑料塞子而不是橡胶塞子)。对于任何新的组件或结构材料,提交内容应包括本节所述的测试方法和测试结果。此外,提交的内容还应包括拟定使用实际注射器的药品 / 生物制品与使用拟议注射器的药品 / 生物制品特性的比较。

某些药物 / 生物制品可能对金属和制造材料等注射器的成分产生不同的反应(例如二氧化硅、钢、碳、聚合物)。此外,一些药品或生物制品可能与制造工艺残留物发生相互作用,因此,提交的内容应包括检查注射器的结构材料、制造材料和生产残留物与药品 / 生物制品之间相互作用的测试结果。这些测试应该评估药品 / 生物制品与注射器之间的相互作用是如何影响彼此性能的。测试应包括在稳定性考察下整个产品使用周期中的功能测试(具体见第"三、(四)2."和第"三、(四)3."部分)。

测试应表征注射器的部件、部件材料和工艺过程残留物。对于通过 NDA / BLA 提交的注射器,也应包括这些信息,但是不需要包括与实际注射器的比较。以下描述了 FDA 在审查提交内容时要考虑的具体问题。

●药品 / 生物制品和注射器之间的相互作用产生的溶出物的分析(见第"三、(五)3."部分)。

●实验室条件下使用溶剂从注射器成分中提取相关物质的分析,并提供提取曲线(见第"三、(五)3."部分)。

●药品 / 生物制品吸附到注射器成分内的分析(包括防腐剂)。

●当对于药品／生物制品，注射器是闭合容器时，需进行顶部空间挥发性化合物的分析。

●对于可重复使用的注射器，需分析药物－注射器相互作用随着时间的变化情况。

●分析与药品／生物制品接触的功能材料的腐蚀情况。

●密封完整性分析（例如密封的润滑性破坏）。

●分析并确定引入颗粒的影响。

（四）性能测试：通用注射器

通用注射器的性能测试应使用最终上市的注射器进行，并应考虑以批准的剂型（包括批准的需稀释后使用的剂型）与注射器一起使用的、广泛的药品／生物制品的特点。此外，对于注射器的设计，最好应进行测试以证明药品／生物制品成分的哪些特性是与注射器相兼容的，哪些是不兼容的（见第"三、（1）4.（1）"部分）。FDA承认在某些通用情况下，可以接受使用一系列的代表药品／生物制品进行测试。如果准备进行这样的测试，那么提交的内容应该包括详细的理由来解释为什么合适，又为什么选择该系列的产品或为什么该范围内的产品是可接受的。当进行性能测试，建议遵循FDA认可的最新版本标准，这些标准已在下方列出，并且可以登录 http：//www.accessdata.fda.gov/scripts/cdrh/cfdocs/cfStandards/search.cfm 找到。

● ISO 7886–1：单次使用无菌皮下注射器—第1部分：注射器使用手册。

● ISO 10993-1：医疗器械的生物学评价—第 1 部分：评估和测试。

● ISO 11608-1：，医用笔式注射器—第 1 部分：笔式注射器—要求和试验方法。

● ISO 11608-2：医用笔式注射器—第 2 部分：针头—要求和试验方法。

● ISO 11608-3：医用笔式注射器—第 3 部分：成品盒—要求和试验方法

● ISO 11608-4：医用笔式注射器 – 4 部分：电子和机电笔式注射器—要求和试验方法。

● ISO 21649：医用无针注射器—要求和试验方法。

● ASTM D4169：运输集装箱和系统性能测试标准规范。

●如果适用，FDA 还建议对注射器进行软件、电气安全和电磁兼容性测试。有关测试注射器方面的指导可查阅 FDA 网站。

FDA 建议提交的内容包括以下成品的性能测试结果：

●列出进行的具体台架试验；

●每个测试方案的描述；

●结果总结；

●分析说明；

●结论的讨论。

测试方案的描述应明确以下几点：

●测试的目的；

●在测试中使用的测试物品；

●试验方法和程序（包括任何具体的测试条件）；

●研究终点，即测量的具体参数；

●预先制定可接受标准或通过 / 失败的标准。

●证明注射器与其他必需使用的器材连接是相互兼容的测试程序，但这些器材不是提交的一部分（例如传输设备、IV 鲁尔锁定无针连接、针头、针阵列）。

1. 生物相容性

对于通用的注射器，FDA 建议按照国际标准 ISO10993："医疗器械的生物学评价第 1 部分—评估与测试"中描述的，进行生物相容性试验。生物相容性试验应考虑与患者接触的成分或材料，包括那些在外部与患者身体（例如皮肤、组织、血液和体液）连接的外部流体路径的成分或材料。选定的生物相容性试验的类型和持续时间应适合注射器。生物相容性试验的内容应包括以下内容：

●列出进行的具体试验清单；

●提取测试的详细信息（例如，是否提取了整个注射器或只是一小部分注射器，提取物是否包含了所有成分，提取是否在完成了所有处理方法和灭菌的注射器上进行的）；

●对提取物进行试验以及选择该提取物的理由（例如极性和非极性）；

●动物模型或细胞系；

●提取条件（例如与使用条件相比的时间、温度、面积或体积比）；

●试验和控制方法；

●试验的判定终点；

●如适用，进行美国药典 USP <87>，USP <88>，USP <381> 和 USP<661> 中描述的提取物的毒性以及全身毒性试验、迟发性皮肤接触致敏研究、非致热原性试验、使用红细胞和小鼠成纤维细胞进行细胞毒性试验以及和埃姆斯试验。

根据产品中具体材料和使用条件，FDA 可能会要求额外的药理学 – 毒理学试验。

2. 货架期稳定性和有效期

对于稳定性和有效期试验，应考虑通用注射器在实际使用前的保存期限／到期日期以及注射器在使用寿命中与药品／生物制品的关系。试验数据应包括证明在标注的有效期限内，注射器仍然能可靠地和可重复地进行与标注剂量精度一致的使用。 FDA 建议判断货架期和有效期试验结果的标准包括以下内容：

● 无缺陷（例如部件移位、开裂、漏水、注射力变化）；

● 正确更换针头和药筒；

● 递送剂量的精确度（见第"三。（五）1."部分）。

如上述，提交内容应包括在使用前和使用过程中由于暴露条件对注射器的物理退化和变化的分析和讨论。对于注射器的期限的更多信息，请参见第"三、（五）2."部分。

3. 环境条件

应提交相关数据以证明注射器性能不会受到环境条件的不利影响，如：

● 消毒；

● 极端的操作温度环境（说明书中规定的上下极限值）；

● 极端的存储温度环境（说明书中规定的上下极限值）；

● 极端的使用条件试验（如适用）（即说明书中规定的上下极限值）；

● 包装；

● 运输条件。

此外，对于喷射型注射器，需关注喷嘴和流体路径上的"磨损"程度。高喷射流速度和压力可能对流体路径和喷嘴产生有害影响，包括侵蚀、部件变形以及结构故障。应依据注射器与部件的使用寿命，维修或更换周期的关系评估这些影响。

4. 功能测试

根据注射器的类型，适当调整注射器设计，一个公司可能会被要求进行额外台架测试以证明注射器达到预期的功能。评估注射器功能的试验包括以下内容：

● 流速；

● 注射时间（即递送药品 / 生物制品所需的时间）；

● 递送药品 / 生物制品机制的可靠性；

● 注射深度；

● 安全特性；

● 无泄漏验证；

● 非取芯针的验证（例如，如果针用于穿刺隔膜）；

●针停留时间（即针在体内的时间）；

●耐化学性（即确保注射器及其标签在使用规定的清洗剂时不会产生不利影响的数据）；

●在极端压力和温度条件下的结构测试。

用于评估注射器的机械规格的试验可能包括以下内容：

●组装所需要的力；

●驱动注射所需要的力；

●打破针罩或其他安全防护装置所需的力；

●对各个组件进行负载测试；

●针接合强度（即将针脱离注射器所需的力）；

●针穿入力（供针插入的力）；

●导致注射器故障的针头偏转角度（注：插入后针头缩回需重点关注）。

上述测试应包括所有安全功能的测试，以确保预期功能可执行。此外，对于多用注射器，测试应验证重复使用的持续时间。

（五）性能测试：注射器和药品 / 生物制品

对于通用注射器，包括上述"三、（四）"部分的内容，提交内容还应包括为了测试药品 / 生物制品剂量精度、深度以及注射途径，开展的最终成品剂型的最终成品注射器的性能测试结果。对于旨在与特定类型产品、产品线或与特定药品 / 生物制品一起使用的注射器，在编写性能测试计划时，应从上述"三、（四）"部分中描述的相关内容着手，然后重点关注可注射产品类别和产品线的测试。同样地，从第"三、（四）"部分适用的相关内容着手，进行具体药品 / 生物制品的组合产品的相关测试。

当进行注射器的性能测试时，应该将其最终批准剂型的实际药品 / 生物制品（包括其批准的稀释剂，如果适用的话）用于测试。例如，对于用于特定药物的注射器，应使用该药物进行生物相容性试验（见第"三、（四）1. 部分"）。

在对类别或产品线进行性能测试时，应该考虑进行必要的试验类型，以评估可能的注射器 – 药品 / 生物制品的相互作用。例如，如果注射器的材料涂覆有聚合物，则提交内容应确定哪些类型的药品 / 生物制品特性需要进行测试，来证明可溶出或可提取物质进入药品 / 生物制品的可接受水平（见第"三、（五）3. 部分"）。

除了在第"三、（四）"部分已进行的测试，建议提交内容包括以下性能测试结果。

1. 剂量准确度

测试时使用最终注射器，FDA 建议对其批准的注射剂型中的药品 / 生物制品进行以下注射剂量准确度试验，包括使用经批准的稀释剂。如果研究是针对待批准的药品 / 生物制品注射剂型，则测试应使用最终组合。

●测试以证明通过注射器排出的药品／生物制品的体积／重量与设定剂量相同。

●测试以确保设计的多剂量（固定剂量）药筒注射器，按照多剂量注射剂标签上明确的剂量数量，能够每次准确递送设定剂量的药品。

●测试以确保设计的多剂量（可变剂量）药筒注射器能准确递送每个连续随机设定的剂量。

●测试以确保剂量设定值／刻度值与递送药品／生物制品的体积相关。

建议在适当情况下，注射器应设计一个警报，能够提醒用户只递送了部分剂量，在性能测试中就应包括该警报的测试。产品标签上还应当包括指示用户在部分用药时应采取什么行动措施。（更多内容见第"三、（二）4."部分）

2. 注射深度和路径

测试应该证明在靶组织中，药物／生物制品的针刺和／或分散的深度是准确一致的。选择用于此测试的模型应为人体皮肤和任何特定组织层，或应尽可能模拟人类靶组织。如果选择的模型是模拟人体组织的，申请中应对该模型的合适性作相关解释。

在适用的情况下，提供对测试注射器和实际注射器或其他递送方法之间测试差异的统计比较和差异理由，以解决开发中的相关问

题。（见第"三、（二）1."部分）

某些药品或生物制品需要递送到精确的组织平面内（例如皮内、皮下和肌内）。在适用的情况下，提交内容证明可靠和可重复的递送深度的测试结果（例如递送到皮下、皮内或肌内的量）。另见第"三、（二）7."部分和第"三、（五）1."部分。

对于涉及机械驱动和皮下注射的针头，喷射型注射器或无针注射器，建议进行额外的试验以检查下列参数：

●在整个预期的注射器的生命周期内，插入指定深度的可靠性；

●注射器性能，如使用注射器的施压量和可以接受成功注射的体内允许面积；

●人口特异性问题（如性别、体重、年龄和皮肤疾病）是如何影响注射的安全性或有效性的；

●存在于血管中以避免血管内注射（如适用）。

对于喷射型注射器，试验还应该表征来自注射的流体分散体，以指示在肌肉表面或皮下区域的不同深度范围内的流体百分比。提交内容应包括描述注射药品／生物制品分布的注射图像。

3. 特殊测试
如果注射器材料还包括用于特定药品／生物制品的容器封闭系统，则应进行以下体外测试，以支持使用特定药品／生物制品的注射器的性能。在某些情况下，类似的测试可能适用于与系列产品或产品线一起使用的注射器。

● 提取物或溶出物

除了在第 "三、（三）" 部分确定的研究类型之外，还应提供评估药筒中顶部空间挥发物的研究。具体来说，应证明任何能够接触到以不同方法注射的药品 / 生物制品的密封或圆形圈，不会出现脱落或浸出物质。测试还应证明密封的完整性。其他适用于确定与注射器和注射器制造材料有相互作用的测试包括以下方面。

—提取物分析：例如 pH 飘移、浊度、重金属、不挥发性残留物、炽灼残渣、紫外线吸收、硅氧烷含量。

—色谱法：例如成核剂、交联剂、固化剂、抗氧化剂、酸清除剂和增塑剂。

—杂质和降解产物。

—内毒素。

此外，还应包括用于确定器械材料可浸出或可提取的可接受水平的方法和测定灵敏度的数据。

● 可吸附的物质

测试应评估药品 / 生物制品或气体、液体或积聚在注射装置表面的溶质组分。数据应包括用于确定药品 / 生物制品中可吸附物质的可接受水平的方法和测定灵敏度的数据。

●药品 / 生物制品容器和密封完整性

对于与药品 / 生物制品直接接触的注射器或其流体路径，建议根据 FDA 的指导原则："用于包装人用药品和生物制品的容器密封系统：化学，生产和控制指南"（ 1999 年 5 月)；也可查询该网址获得：

http：//www.fda.gov/downloads/Drugs/GuidanceComplianceRegulatoryInformation/Guidances/UCM070551.pdf

●货架期及有效期：注射器 – 药品和生物制品

申请旨在用于与特定药品 / 生物制品或用于药物或生物物质系列或产品线的注射器，应包括稳定性数据来建立与药品 / 生物制品的一起组装的注射器的货架期和有效期。例如，在适用的情况下，应当在使用前评估该组合产品在储存条件下的货架期。还应根据预期的使用条件（例如，非平面上的使用、不同的环境条件下的使用）评估最终的待销售配置的稳定性和有效期。在适用的情况下，试验还应评估重新配置产品的稳定性和有效期。还应评估注射后残留在流体通路中的注射液，例如确定其是否降解或促使药品 / 生物制品的变质。在适用的情况下，使用中的有效期试验应当包括证明注射方法（如速率、剪切力和注射压力）不影响药品或生物制品稳定性、安全性或有效性的数据。

当进行稳定性和有效期试验时，应对整个注射器系统进行测试，即将药品 / 生物制品装入直接接触的封闭容器（药筒），加上附加的注射器材料和包装形成的整个系统。封闭容器和包装的耐用性的台架测试应包括但不限于机械可靠性（释放规格）、加速试验、温度循环、极端温度、压力变化、振动等（有关通用注射器的测试信息，见第"三、（四）2."部分）。

（六）性能测试：临床试验

对临床试验设计的具体考虑因素超出了本指南的范围。其中人为因素的研究将评估用户与注射器的相互影响以及预期用户群体是否可以安全有效地使用指定药品 / 生物制品的注射器。

1. 人为因素

为了证明用户可以在随后的关键临床研究中安全有效地使用注射器，应对所有相关用户的风险进行全面评估，并根据需要，使用最终生产的注射器进行人为因素 / 可用性研究，以验证代表性用户的用户性能。根据注射器的特性，其预期用户群体和使用环境的研究，应侧重于产品的使用方面。这些方面可以包括以下几点（从用户能力角度出发）：

● 阅读、理解和遵循指示；

● 充分安装注射器；

● 配置注射药品，靠近或设定合适的剂量，灌注注射器（如果需要）；

● 正确进行注射或自身注射；

● 妥善处理锐器和其他一次性物品。

2. 其他因素

对于与特定药品 / 生物制品一起使用的注射器的关键特征，FDA
可能会要求额外的使用中的信息。例如，这些额外信息可能与某
些锁定功能、复杂的剂量调整方法或其他高风险系统有关。对于
这样的产品，建议联系主管审查部门以讨论其他临床前和临床数
据要求。

（七）灭菌和无菌保证

1. 灭菌

灭菌包括两个方面：注射器本身所需的无菌保证以及最终完成的
药品 / 生物制品 – 注射器整体的无菌保证。对于适用于广泛的上
市药品 / 生物制品的通用注射器，提交内容应当包括注射器灭菌
信息，正如 FDA 指南《关于标为无菌产品在上市前通知（510（k））
提交中关于无菌信息的提交与审查（草案）》。如果注射器是无菌
的，则数据显示非无菌可能性的单位应不大于 $1 \times 1^{0-6}$。组成流体
通路的组件应显示无热原。对于所有无菌部件，提交内容应包含
注射器包装的说明，包括包装材料列表。此外，对于注射器 – 药
品 / 生物制品最终成品形式下必须的无菌保证测试应在 FDA 的指
南下进行，该指南为《人用和兽用药品需提交的灭菌过程验证行
业指南》。

FDA 认可下列标准，即可以用于灭菌工艺和测试方法的确定。
CDRH 认可的标准数据库可搜索下列网站获得：http：//www.
accessdata.fda.gov/scripts/cdrh/cfdocs/cfStandards/search.cfm

● ANSI / AAMI / ISO 17665–1：《保健产品的灭菌 – 湿热 – 第 1 部
分：医疗器械灭菌过程的开发、验证和常规控制要求》，2006 年。

● ANSI／AAMI／ISO 11135-1：《保健产品的灭菌 – 环氧乙烷 – 第 1 部分：医疗器械灭菌过程的开发、验证和常规控制要求》，2007 年。

● USP 27：《无菌、生物相容性、生物试验和测定、细菌内毒素检测（LAL）、热原试验（USP 兔子试验），或与药品／生物制品和药品／生物制品递药相关的其他适用的试验》，2004 年。

● AAMI／ANSI／ISO 11737-1：《医疗器械的灭菌 – 微生物学方法 – 第 1 部分：对产品的微生物群体的测定》，2006 年。

● ANSI／AAMI／ISO 11607：《最终灭菌医疗器械的包装》，2006 年。

对于共同包装或预先填充特定药品／生物制品的注射器，提交内容应包括解决灭菌方法对包装的可能影响（例如，该药物／生物产品的特异性效应有关，如，对类似光稳定性或氧敏感性的具有特异性的药品／生物制品的影响，对稳定性的影响，对性能的影响）。对于将与药品／生物制品直接接触的注射器筒，建议为产品和初级包装材料选择适当的灭菌方法，并在提交中证明选择方法。例如，如果最终灭菌会对药品或生物制品产生不利影响，则应证明为无菌保证所选择的方法。

2. 交叉污染的可能性

绝大多数注射器都被批准分开由个人单独使用。在一般情况下，很多使用注射器（例如可重复使用的无针多用途喷嘴注射器）的患者会着重关注血液病原体和皮肤污染物在患者与患者之前的传播。例如，在前一次注射中，流体路径或可注射产品发生血液污染，这是将很有可能存在疾病的传播。污染可发生在注射器接触的皮肤表面或溅回注射器内部，也可能是可替换的盖子被污染。此外，在两次使用中间清洁流体路径内或周围的任何部件时，都可能会造成污染。

申请人可能面临的挑战在于评估没有发生患者之间交叉污染方法的验证。在 FDA 综合医院和个人使用器械咨询委员会会议记录中提供了有关此类方法验证挑战的原始信息。FDA 强烈建议正在考虑开发多用途注射器的申请人与 FDA 会面，并讨论其测试方法的验证方法和整体开发计划。为了便于讨论，FDA 建议申请人呈交预提交，其中至少应包括最敏感的试验信息、试验方法选择、假设、局限和记录该方法准确性的计划的讨论，以及选择该试验方法的详细讨论和说明。

（八）标签

笔型，喷射型以及相关的注射器是供医护人员、护理人员或由患者自行管理使用的。建议设计标签时仔细考虑最终的使用者并且与注射药品或生物制品的标签一致（对于使用该注射器注射的药品 / 生物制品的批准标签中可获得的信息类型，请参见第"三、（一）4"部分。）。在某些情况下，可适当的为患者或护理人员开发患者包装插页或标签。附加的说明可适用于使用户熟悉注射器的特征和如何以安全有效的方式使用的注射器的在职培训计划。

一般标签原则如下所述。

一般来说，以下描述的相关内容应包括在注射器的标签上。适当的时候，还应包括对于注射器和相应的药品 / 生物制品是以何种形式销售的（例如共同封装、预充填或分开销售），其中标签格式也应适当修改以确保安全和有效的使用。

●注射器说明，包括名称。

●预期用途和使用适应证。

●注射器的使用类型（例如，个人、专业、一次性使用、可重复使用、仅针对一类患者贴标签和出售）。

—标签应包括对使用条件和患者人群的警告和注意事项。例如，单个患者重复使用的注射器应警告用户不可与其他患者共享注射器；

—注射器标签本身应提供空间，以便医务人员能够写入使用该注射器的患者的名字，以避免药物的错误使用；

—标签应包括"仅单个患者使用"的突出的声明，以避免误用和交叉污染。

●预期患者人群。

●对于通用注射器和旨在与系列或特定产品线一起使用的注射器，应为医护人员提供充足的标签信息以确定哪些药品／生物制品批准可使用该注射方法。在适当的情况下，包括但不限于以下内容：

—说明批准与注射器一起使用的系列或产品线的药品或生物制品的容易识别的特性；例如，在药品／生物制品标签中的描述的特性。

—指导用户通过批准的药品 / 生物制品标签，确定其是否是专门批准与该类型注射器一起使用的，并获得相关剂量信息。

—显示使用的注射器与批准的药品 / 生物制品标签一致。

—专门批准与该类型注射器、注射方法、注射器剂量范围、注射器递药量、单个患者使用或其他条件一起使用的药品 / 生物制品的商品名或名称，类型及特性清单的列表。

—药品 / 生物制品性能（例如，单剂量一次性使用，重复剂量一次性使用，单个患者可重复使用或可再填充，可调节剂量）。

●禁忌症。

●警告、限制和注意事项，包括不完全给药、过量、给药部位误差（例如注射到不正确的组织）和交叉污染。

●使用注射器产生的安全性和有效性数据。

●识别与注射器不兼容的任何药品 / 生物制品特性，如果已知的话。

●适用于注射的身体区域，包括图示以及注射前适当的皮肤准备。

●靶组织和注射部位，包括用于静脉注射、肌内或皮下注射的药

品 / 生物制品的适当警告。

●使用说明、用户说明和图表。适当时，应包括注射器的使用说明，该说明应与批准的药品标签说明书相一致。

●装配说明书和图表（例如药品 / 生物制品如何装进注射器中以及药品 / 生物制品插入注射器的方法）。

●在注射器组装过程中保持无菌。

●剂量设定和给药注射。

●如何保证全部剂量被递送。

●如何保证在可重复使用的预填充注射器中保留全剂量。

●预防或补救不完全或部分给药或过量给药事件。

●注射所需的正确压力量。

●关于注射深度的信息。

●标注针对锐器伤害防护功能的建议。

●使用和储存的环境条件。

●重复使用，清洁，维修。

●针对注射器、药筒和针头，妥善安全的生物医学锐利废弃物处理说明。

●故障排除。

●注射器和关键部件的寿命。

对于旨在与特定的系列或产品线一起使用的注射器，FDA 可能会要求额外的标签信息（例如将药品 / 生物制品药筒插入注射器和 / 或重新配置药物筒之后的使用期限，或使用与药品 / 生物制品一致的命名法）。

注射器标签应包括适用的患者标签和用药指南。

四、内容和格式

FDA 建议与牵头中心进行预先提交会议，讨论如何组织 NDA / BLA 通用技术文件（CTD）提交，以确定注射器的相关信息。当 NDA / BLA 提交与单独器械一起提交时，应举行类似的会议来讨论。有关独立 510（k）提交的其他信息，请参阅 21 CFR.807.E 部分。此外内容及相关信息，请参阅第"五、"部分的链接。

应当注意的是，产品代码适用于器械提交后该器械的销售。当 NDA / BLA 提交内容中包括笔型、喷射型或相关注射器时，可以参考以前已准许的注射器的产品代码和任何相关信息。如"三、（二）1.（2）"部分所述，参照 510（k）通常不足以解决在 NDA / BLA 中提到的使用该器械的安全性和有效性（即其与特定药品 / 生物制品的使用）。

五、在哪里可以找到更多的资料

如果正在开发本指南中所描述的注射器，并且不能确定在提交中可能适合或必要的技术和科学信息的类型，建议尽快与 FDA 进行讨论。这种特定于产品的建议可能对于复杂的递送系统，相关药品 / 生物制品或者器械的技术方面是有用的。在适当的情况下，可以要求一次提交前会议以进行更详细的讨论。

对于与药品或生物制品的新路线、剂量、速率或注射方式相关的注射器系统，FDA 期望根据科学和技术问题的类型进行中心间合作。如果有中心管辖权问题，建议与组合产品办公室联系以获取更多信息。

更多的指导信息可从 CDRH，拨打综合医院器械科电话（301-796-2585）或通过电子邮件（combination@fda.gov）联系组合产品办公室获得。一般指导信息和不同的中心文件的链接也可以访问 http∶//www.fda.gov/oc/combination/。对于要用于特定药品 / 生物制品的注射器，可以从 CDER 或 CBER 审查部门获得更多信息

第二节 | 上市前批准申请以及生物医疗器械上市许可申请的用户费用和退款

User Fees and Refunds for Premarket Approval Applications and Device Biologics License Applications

一、简介

在市场准入审查的过程中，审查的时间受 FDA 和企业自身行为的影响。2012 年发布的医疗器械用户收费修正案，规定了自 2012 年 10 月 1 日起《联邦食品药品和化妆品法案》（以下简称 FD&C 法案）可以授权 FDA 对上市前批准申请（PMAs）和某些生物医疗器械上市许可申请（BLAs）收取一定的审查费用。这些额外的资金可以促使医疗器械审查过程满足执行要求，同时提高医疗器械审查过程质量，改进医疗器械审查程序。

本指南的目的是确定：①上市前批准申请和生物医疗器械上市许可申请用户费用的类型；②不收取用户费用的情形；③可能导致已支付费用退款的行为。

二、需收取用户费用的上市前批准申请类型

根据 FD&C 法案，以下类型的上市前批准申请程序应收取用户费：

● 原始上市前批准申请；

● 模块化的上市前批准申请；

● 上市前报告；

● 基于许可协议的上市前批准申请；

● 专家组追踪补充申请；

● 180 天的补充申请；

● 实时补充申请；

● 30 天的通知；

● 定期报告。

（一）原始上市前批准申请

原始上市前批准申请是将 21 CFR 814.20 规定的所有资料同时提交的独立的申请程序。对于 2002 年 10 月 1 日后（包括 10 月 1 日）提交的上市前申请，FDA 将在提交时评估实际的用户费。

（二）模块化的上市前批准申请

模块化的上市前批准申请是指不同的部分或"模块"，可以分不同的时间提交，最后汇总成一个完整的申请。对于 2002 年 10 月 1 日后（包括 10 月 1 日）提交的模块化上市前申请，FDA 将在第一个模块提交时评估整个上市前批准申请所需的实际用户费。

（三）上市前报告

上市前报告适用于三级医疗器械，即再加工的一次性的医疗器械。这类上市前批准申请必须提供有关再加工医疗器械清洁消毒、性能等方面的验证数据，以确保其与市场销售的同种医疗器械在质量上等同。在 2002 年 10 月 1 日后（包括 10 月 1 日）提交的此类上市前申请，FDA 将在提交时评估实际的用户费。

（四）基于许可协议的上市前批准申请

基于许可协议的上市前批准申请要求与另一方签订了许可协议（以下简称被许可方）的上市前批准申请人（以下简称许可方）提供被许可方可以在其上市前申请中参考相关信息的证明。被许可方向美国 FDA 提交了这种基于许可协议的上市前申请后，可以要求 FDA 批准其医疗器械上市（因为被许可方的上市前申请是基于许可方已批准的同种医疗器械申请中相关信息的）。得到 FDA 的批准后，被许可方承担上市前批准申请人的全部责任，包括与许可方相同的医疗器械的生产和销售。此外，许可协议批准后，被许可方可以对产品进行变更，对于所有上市前批准的申请者，这些变更需要提交上市前批准补充申请。

根据 FD&C 法案对用户费用的相关规定，基于许可协议的上市前批准申请在收费金额等方面与原始上市前批准申请是相同的。因此，基于许可协议的上市前批准申请以及相关的补充申请与原始上市前批准申请在提交时收取一样的用户费用。同样，被许可方提交的上市前申请的补充申请，和许可方上市前申请补充一样，将会收取一定的用户费用。

（五）专家组追踪补充申请

FD&C 法案 737（4）（B）部分将"专家组追踪补充申请"定义为"根据 515 条款，医疗器械的设计和性能发生显著变化或此医疗器械发现有新功能时，需要提供大量必要的临床数据以保证其安全性和有效性，此时对已经批准的上市前申请的补充申请或补充上市前报告"。

对于 2002 年 10 月 1 日后提交的专家组追踪补充申请，FDA 将在提交时评估实际的用户费用。

（六）180 日的补充申请

FD&C 法案 737（4）（C）部分将"180 日的补充申请"定义为"根据第 515 条，当医疗器械的组件、材料、设计、规格、软件、颜色添加剂或标签有显著变化时（非专家组追踪补充申请的情形），对已批准的上市前申请的补充申请或补充的上市前报告"。

对于 2002 年 10 月 1 日后提交的 180 日的补充申请，FDA 将在提交时评估实际的用户费用。

（七）实时补充申请

FD&C 法案 737 节（4）（D）部分将"实时补充申请"定义为"根据第 515 条，当医疗器械发生微小变更（如医疗器械在设计、软件、杀菌或标签上的小变动），并且申请人已要求且相关机构已批准针对此变更通过会议等形式共同审查和确定补充事项，此时需要对已批准的上市前申请进行补充或进行上市前报告"。

对于 2002 年 10 月 1 日后提交的实时补充申请，FDA 将在提交时评实际的用户费用。

（八）30 日的通知

FD&C 法案 737（5）部分将"30 日的通知"定义为"根据 515（d）（6），30 日的通知仅限于对影响设备安全性和有效性的生产过程或者生产方法进行改进时所进行的通知"。

对于 2007 年 10 月 1 日（包括 10 月 1 日）后收到的 30 日的通知，FDA 将在提交时评估实际的用户费用。如果一个 30 日的通知转换为 135 日的补充申请，为 30 日的通知支付的用户费用将不退还。

（九）定期报告

根据 FDA 修正法案 212 部分规定，上市前批准申请人在对三级医疗器械进行定期报告时需提交相应的年度费用。FDA 将在提交定期报告时评估实际的用户费用。医疗器械在上市前申请已被批准后重新分类为二级医疗器械或其不再受制于上市前申请相关法规的，此时将不会评估定期报告的费用。尽管 FDA 已经允许一些申请人提交捆绑式的定期报告，但是定期报告中涉及到的所有上市前申请均需收取相应的年度费用。

三、需收取用户费用的生物医疗器械上市许可申请

根据 FD&C 法案，公共卫生署法案第 351 条款规定的以下医疗器械上市 许可申请应收取费用：

●原始生物医疗器械上市许可申请，其包括在 FD&C 法案 737（1）定义的"上市前申请"的用户费中；

●生物医疗器械上市许可申请的疗效补充申请，在 737（4）（E）中对此用户费用有所定义。

根据 738（a）（2）（a）（i）（vii）部分，以上两种申请在提交时会评估实际的用户费用。

（一）原始生物医疗器械上市许可申请

原始生物医疗器械上市许可申请是 21 CFR 601.2 规定的所有资料同时提交的独立的申请程序。

（二）生物医疗器械上市许可申请的疗效补充申请

FD&C 法案 737（4）（E）将"疗效补充申请"定义为"根据公共卫生署法案 351 条款对已批准的上市前申请进行实质性临床数据的补充"。

四、免收用户费用的情形

根据 FD&C 法案对用户费用的相关规定，仅针对儿科使用的医疗器械的上市前申请和许可申请不收取用户费用。在审查医疗器械及其目标使用人群的过程中，即使申请人没有要求豁免费用，FDA 仍会将其判定为符合儿科豁免的情形。在这种情况下，FDA 将退还用户费用。然而，如果在儿科医疗器械的原始上市前批准申请或模块化的上市前批准申请或者上市许可申请批准后，申请人提出此种医疗器械也可用于成人，则在补充申请提交时，补收上市前申请或上市许可申请的全部用户费用。

符合条件的中小型企业在首次提交原始上市前申请或上市许可申请时，也可免收用户费用。此种情况下，企业（连同其附属公司）在最近纳税年度中总收入或销售额不得超过 3000 万美元。

此外，根据公共卫生署法案 351 条规定，只为进一步生产而提交的上市许可申请的用户费用可以豁免。

FD&C 法案规定，由州或联邦政府机构提交的上市前申请或上市许可申请的用户费可以豁免，涉及商业销售的医疗器械除外。即使法律允许，FDA 不建议在这种情况下提交上市前申请或上市许可申请。

五、用户费用的支付

如下所述，有三种方法可以提交用户费。在支票、银行汇票或美国邮政汇票中一定要包含支付识别码（以 MD 开头）和 FDA 的邮政信箱。此外，应该加上一个打印的封面表单（表格 FDA3601，通过美国 FDA 用户费用系统可以下载，网址为 https : //userfees.fda.gov/OA_HTML/fdaCAcdLogin.jsp）。

1. 首选方法

信用卡、电子支票（ACH）：FDA 与美国财政部联合，利用在线支付系统（www.pay.gov）进行电子支付。在提交费用的封面表单后，通过电子支票或信用卡可以完成付款。在线支付时，点击"立即支付"按钮。封面表单用信用卡交易的额度为 $5 000。

2. 支票

所有的纸质支票必须是美国银行所开的现金支票，并且是可支付的。在医疗器械用户费用封面表单的右上角或者支票上务必写上唯一的支付识别码。在下面所列的地址中选择合适的地址邮寄支票。如果没有支付识别码，FDA 将不能及时处理付款。

邮寄支票付款：

美国食品药品监督管理局
邮政信箱 956733
密苏里州，圣路易斯市，MD63195–6733

快递支票付款：

美国银行

收件人：政府的信箱 956733

密苏里州，圣路易斯市，会展广场 1005 号，MD63101

注意：该地址仅适用于快递送货。如果对快递有任何疑问，请联系美国银行，联系电话：（314）418–4013。

3. 电汇

电汇时，在医疗器械用户费用封面表单的右上角写上申请时获得的唯一的支付识别码。没有此识别码，支付时可能不会与支付表单相对应，从而耽误审查进度。

某些金融机构可能收取电汇手续费，电汇时请先咨询金融机构具体的手续费，带足费用确保用户费用完全支付。

电汇信息：

纽约联邦储备银行

美国财政部

纽约市自由街 33 号

纽约，NY10045

FDA 存款账户号码：75060099

财政部路由 / 过境号：021030004

银行编号：FRNYUS33

收款人：FDA

马里兰州，罗克维尔市，皮卡德大道 1350 号，MD20850

六、用户费用退款

用户费用退款按如下所述的不同情况分别处理。

（一）电子副本不符合上市前批准程序

如果 FDA 不接受电子副本或者接受了因为不符合技术标准而不能被接受的电子副本，此种情况将以书面的形式传达给申请人从而帮助他们重新创建一个有效的电子副本。如果 FDA 在通知发出后 180 日内未收到有效的电子副本，系统将会删除此次申请的有关信息，FDA 将退还费用。

（二）验收不符合上市前批准程序

如果行政复议后，FDA 仍判定上市前申请没有包括所有需要的资料，申请人将会在 15 日内接到内容不完整、不被接受的书面通知。如果申请人决定不提供缺失的信息，可以提交撤回申请的要求书，并要求退还所支付的费用。

（三）申请人在立案前要求撤回原始上市前批准申请或专家组追踪补充申请

如果申请人在 FDA 做出立案决定前要求撤回原始上市前批准申请或专家组追踪补充申请，将退还 75% 的用户费用。

（四）不符合原始上市前批准申请或专家组追踪补充申请立案标准

如果 FDA 对原始上市前批准申请或专家组追踪补充申请的立案予以拒绝，申请人可以要求退还 75% 的用户费用。当申请人根据不予立案的通知修改了上市前申请，再提交时 FDA 要收取全部的用户费用。更多相关信息，请参询 2012 年 12 月 31 日发布的"上市前批准申请接收和立案审查指南"。

（五）申请人要求撤回已立案的原始上市前批准申请或专家组追踪补充申请，但 FDA 还没有进一步行动

如果在 FDA 立案之后但还没有采取进一步的行动之前，申请人要求撤回原始上市前批准申请或专家组追踪补充申请，FDA 可酌情退回费用。进一步的行动可能是向申请人发出的重要缺陷通知书、不予批准通知书、予以批准通知书、对审批顺序的通知或者撤销通知书。

根据 FD&C 法案，FDA 在对任何已立案但还未采取进一步行动的申请，将根据"用于审查的付出水平"，退还一定的费用。FDA 认为，在大多数情况下，其付出水平可以通过该申请的审查天数来进行适当的评估。与逐个要素评估相比（如审查组每位成员用于审查该申请的时间以及审查过程中科学、医学、技术和管理问题的复杂性与必要性），这种方法能提高 FDA 计算和处理退款的效率。

基于以上原因，FDA 参照以下原则对原始上市前批准申请或专家组追踪补充申请的用户费用进行退款：

● 在立案之日起 90 日内撤销申请的，退还 50% 的用户费用；

● 在立案之日起 91 日到 135 日之内撤销申请的，退还 25% 的用户费用；

● 自立案之日起超过 135 日撤销申请的，不予退款。

然而，FDA 指出，某申请的审查天数可能无法准确计算，在这种

情况下，FDA 可能会考虑其他因素，而不是考虑天数。

虽然可以要求 FDA 重新考虑有关用户费用退费的决定，但是对于在立案之后采取进一步行动之前所提出的撤销申请，局长有权决定退还全部费用还是部分费用。局长关于退还费用的决定是不可检查更改的。

（六）FDA 已对原始上市前批准申请或专家组追踪补充申请采取进一步行动

根据 FD&C 法案，如果在 FDA 已经采取行动后的任何时间，申请人要求撤回原始上市前批准申请或专家组追踪补充申请，无论何时采取行动的，FDA 将不退还任何费用。

（七）模块化的上市前批准申请

对于模块化的上市前申请，法规要求申请人在提交第一个模块的相关资料时支付全部的用户费用。即使没有对单个模块立案审查，也可以采取进一步行动。进一步行动包括发出予以接收的通知书或缺陷通知书。

在最后一个模块资料提交后，模块化的上市前申请转换为原始上市前批准申请。此时才对上市前批准申请启动立案审查。

在 2002 年 10 月 1 日和 2007 年 9 月 30 日之间收到第一模块的，模块化上市前申请用户费用退款将按以下方式处理。

●在 FDA 立案之前撤销申请的，退还 75% 的费用；

● 在 FDA 立案之后，但未采取进一步行动前撤销申请的，FDA 将按照上面"（五）"部分提出的指导方针处理；

● 在 FDA 采取进一步行动后撤销申请的，不予退款。

在 2007 年 10 月 1 日后（包括 10 月 1 日）收到第一模块的，模块化上市前申请用户费用退款将按以下方式处理：

● 在第一个模块采取进一步行动前并在第二个模块提交前撤销申请的，退还 75% 的费用；

● 在第二个模块或后续模块提交后但任何后续行动还未采取前撤回申请的，将基于"用于模块审查的付出水平"计算退款。对于这种情况，FDA 参照以下原则进行退款：

—第二个模块之后，但在任何进一步行动之前撤销申请的，退还 50% 的费用；

—第二个模块之后，但在任何进一步行动之前撤销申请的，退还 25% 的费用；

—在第四个模块或后续模块之后撤销申请的，不予退款。

（八）上市前的报告

对于上市前的报道，FDA 将遵循如上所述第（三）到（六）部分针对原始上市前申请用户费用退款条款的规定。

（九）基于许可协议的上市前批准申请

基于许可协议的上市前申请在接收时就已经立案。申请人提交包括新的加工工序和 / 或一个新的生产设施的基于许可协议上市前申请，并在 FDA 采取进一步行动之前请求撤回，退款将按照以上 "（五）" 部分针对原始上市前申请的退款原则执行。但是，如果基于许可协议的上市前申请按照 21 CFR 814.20 规定所需要的所有信息均参考权威信息，包括相同的制造过程和设施，申请人在采取进一步行动之前（一般为通知审批顺序）申请人请求撤回申请的，FDA 将退还全部用户费用。

（十）180 日的补充申请

对于 180 日的补充申请，FDA 在接收时即被视为已立案。这种类型的补充申请所需的费用远低于原始上市前申请，一般来说，对这些补充申请的审查时间也较短。因此，按照 FD&C 法案 738（a）（2）（D）（iii）规定的基于付出水平的退款方式，在此种补充申请立案后，FDA 将不退还任何用户费用。

（十一）实时补充申请

对于实时补充申请，FDA 将按照上述 180 日的补充申请相同的用户费用退款规定进行退款。

（十二）30 日的通知

对于 30 日的通知，FDA 将按照上述 180 日的补充申请相同的用户费用退款规定进行退款。

（十三）定期报告

FDA 将不退还任何定期报告的年费。

（十四）电子副本不符合医疗器械许可申请

如果 FDA 不接受电子副本或接收了一个因为不符合技术要求而不能被接受的电子副本，此种情况下，不被接收的原因或者存在的技术缺陷将以书面形式传达给申请人从而帮助他们建立一个能有效替代的电子副本。如果 FDA 在此通知发出后 180 日内未收到有效的电子副本，系统将会删除此次申请的有关信息，FDA 将退还费用。

（十五）申请人在立案前要求撤回原始医疗器械上市许可申请或疗效补充申请

如果在 FDA 立案之前，申请人要求撤回原始医疗器械上市许可申请或疗效补充申请，将退还 75% 的用户费用。

（十六）不满足原始医疗器械上市许可申请或疗效补充申请立案标准

如果 FDA 对原始医疗器械上市许可申请或疗效补充申请的立案予以拒绝，申请人可以要求退还已付费用的 75%。当申请人根据不予立案的通知修改了上市前申请，再提交时 FDA 要收取全部的用户费用。

（十七）申请人请求撤回已立案的原始医疗器械上市许可申请或疗效补充申请，但 FDA 还没有采取进一步行动

FDA 立案之后但未采取进一步行动之前，如果申请人提出撤回原始医疗器械上市许可申请或疗效补充申请，FDA 将退还费用。进一步行动意味着已立案的完整的申请审查完后，FDA 向申请人发布的相关通知书。

根据 FD&C 法案，FDA 对任何已立案但还未采取进一步行动的申

请,将根据"用于审查的付出水平"的要求来处理退款。FDA 认为,在大多数情况下,其付出水平可以通过该申请的审查天数来进行适当的评估。与逐个要素评估相比(如审查组每位成员用于审查的时间以及审查过程中科学、医学、技术和管理问题的复杂性与必要性),这种方法能使允许 FDA 计算和处理退款的效率提高。

基于以上原因,FDA 打算参照以下原则对原始医疗器械上市许可申请或疗效补充申请的用户费用进行退款:

● 自立案决定之日起 152 日内撤销申请的,退还 50% 的用户费用;

● 自立案之日起 152 日到 228 日之间撤回申请的,退还 25% 的用户费用;

● 自立案之日起超过 228 日后撤销申请的,不予退款。

然而,FDA 指出,某申请的审查天数可能无法准确计算,在这种不同寻常的情况下,FDA 可能会考虑其他因素,而不是考虑天数。

虽然可以要求 FDA 重新考虑其对用户费用退款的决定,但是对于在立案之后采取进一步行动之前所提出的撤销申请,局长有权决定退还全部费用还是部分费用。局长关于退款的决定不可以检查更改。

(十八)FDA 对原始医疗器械上市许可申请或疗效补充 申请已采取的进一步行动

根据 FD&C 法案,如果在 FDA 已经采取进一步行动后的任何时间内，申请人要求撤回原始医疗器械上市许可申请或疗效补充申请，无论何时采取行动的，FDA 将不退还任何费用。

七、如何请求退还用户费用

若要求退款，申请人必须在到期之日起 180 日内，向 FDA 有关部门提交一份书面申请，地址如下：

对于由 CDRH 监管的产品：

美国食品药品监督管理局
医疗器械与放射健康中心
PMA 文档邮件处理中心 – WO66 – G609
马里兰州，银泉市，新罕布什尔州大道 10903 号，MD20993

对于由 CBER 监管的产品：

美国食品药品监督管理局
文档控制中心，HFM-99
生物制品审评与研究中心
美国食品药品监督管理局
马里兰州，罗克维尔市，洛克维尔大道,200N 区 1401 号，MD20852–1448

FDA

第八章
标签和推广指南

第一节 | 1997 年 FDA 现 代 化 法 案 126 条 款 实 施 指 南——废除某些对标签 的要求

Implementation of Section 126 of the Food and Drug Administration Modernization Act of 1997 — Elimination of Certain Labeling Requirements

一、简介

1997 年《FDA 现代化法案》（以下简称现代化法案）126 条款由克林顿总统于 1997 年 11 月 21 日签署，本法案是对《联邦食品药品和化妆品法案》（以下简称 FD&C 法案）503（b）（4）条款的修订（21U.S.C.353（b）（4）），要求在配药之前，处方产品的标签上至少要包含"仅凭处方销售（Rx only）"的标志。此外，废除 FD&C 法案中 502（d）条款（21U.S.C.352（d））的要求，即某些易成瘾药物的标签上应声明"警告 – 可能会成瘾(Warning–May be habit forming)"。对 FD&C 法案中 503（b）（4）条款的修订和 502（d）条款的废除于 1998 年 2 月 19 日正式生效。

如果申请人未按照现代化法案 126 条款的要求实施对标签的相关变更，在一定时间内，FDA 将不会提出反对意见。本指南修订的目的就在于延长 FDA 不会提出异议的时间段，并回答一些常见问题。

二、详述

现代化法案实施之前，FD&C 法案中 503（b）（4）条款指出，无论任何情况，如果在处方药配药之前，其标签上没有声明"警告：联邦法律禁止无处方配药"（"Caution：Federal law prohibits dispensing without prescription"），此药将被视为处方药产品标签错贴。此外，FD&C 法案 502（d）条款要求某些易成瘾药物的标签上声明"警告 – 可能会成瘾"。现代化法案第 126 条款中对 503（b）（4）条款的修订和 502（d）节的废除对药品标签和标签要求的影响如下。

● 处方药配药之前，标签上必须至少具有"仅凭处方销售"的标志（见例 21 CFR 201.100（b）（1），201.120，201.122，610.60（a）（6），610.61（s）和 606.121（c）（8）（i），行政机构也将对这些条款进行修订）。行政机构和国会的目的是以"仅凭处方销售"声明取代"警告：联邦法律禁止无处方配药"的声明，从而简化对标签的要求。

● 行政机构将撤销 21 CFR 329.10 中对易成瘾药物标签的相关要求。

三、FDA 政策

为减轻申请人在各种各样的标签更改时所面临的负担，FDA 建议在下述规定的时间段内，如果申请人未按照修订后现代化法案中 503（b）（4）和 502（d）部分的规定完成新的标签要求，相关行政机构在执行自由裁量权时不会对其提出反对意见。

●对于目前已批准的产品，在下一版本标签中，或在 2003 年 2 月 19 日（现代化法案生效 5 年）前（以先到期者为准），申请人需执行现代化法案 126 条款中新标签要求，并且在下一年度报告中按照 21 CFR 314.70（d）（3）或 601.12（f）（3）相关要求对这些微小变更进行报告。

●对于在 1998 年 2 月 19 日之前接收的、正在审理中的（未批准）完整或简略的申请，申请人需在下一版本标签中或在 2003 年 2 月 19 日前（以先到期者作准），执行现代化法案 126 条款中新标签要求，并且在下一年度报告中按照 21 CFR 314.70（d）（3）或 601.12（f）（3）相关要求对这些微小变更进行报告。

1998 年 2 月 19 日以后接收的完整或简略申请，包括未经批准的原始申请和补充申请，其标签应该符合现代化法案 126 条款中对标签相关要求。

四、常见问题

现代化法案通过以来，相关机构已经接到许多相关的咨询电话。以下是具有代表性的一些问题和建议。

1. 对 FD&C 法案实施这两处修订的起因是什么

1991 年 11 月，USP / FDA 联合顾问团就简化和提高注射剂标签提出了一些建议，对注射用药品的标签要求进行了简化。这也是考虑了因过于复杂的标签，引起注射用药品的滥用从而导致死亡和伤害的事实。这些建议可见于药典论坛，20 卷，4 号，第 7888~7885 页。此外，国家协调委员会用药错误报告和预防（NCC MERP）相关部门也提出一系列能够帮助降低用药错误的建议，而产品标签和包装设计是这些建议中的关键。NCC MERP 的建议包括现代化法案 126 条款的改变并将建议范围延伸至所有剂型。这些建议获得了 16 位 NCC MERP 成员，包括医学、药学、护理、工业、政府、卫生保健设施和标准制定相关专业人员的支持。

2. 原来的"警告：联邦法律禁止无处方配药"表述是否满足新的法定要求

FD&C 法案已不再要求"警告：联邦法律禁止无处方配药"的声明出现在标签上。现代化法案 126 条款要求标签上至少具有"仅凭处方销售"的声明。由于"警告：联邦法律禁止无处方配药"声明中没有"仅凭处方销售"的含义，因此它不满足新的法定要求。虽然法律允许标签同时具有这两种表述语句，但本机构认为，只有"仅凭处方销售"声明更符合简化的要求。

3. 行政机构希望"仅凭处方销售"声明在哪些方面突出警示意义（如：字号，大写字母，加粗）？声明语句在哪里出现

正如法案 502(c)节和 21 CFR 201.15 要求的，声明应该突出且明显。如果空间允许，本机构倾向于声明语句出现在容器标签和纸箱标签主面板上。"仅凭处方销售"声明不需要体现在包装说明书上，但是，如果制造商选择在包装说明书上包括该声明，本机构倾向于将声明语句放置在其标题部分。

4. "仅凭处方销售（ Rx only ）"声明必须包括引号么另外，是否"only"必须要用小写字母表示

是否在声明中包括引号以及"only"用大写字母还是小写字母，厂商可自行决定。

5. 现代化法案 126 条款是如何影响不同产品标签的，如兽药、医疗器械、原料药和中间体

126 条款不影响兽药和医疗器械的标签。对于原料药和中间体，如果申请人在下一版本标签或 2003 年 2 月 19 日前（以先到期者为准）按照 126 条款的新要求实施的话，FDA 也不会提出反对意见。

6. 上面规定的实施日期，是否意味着市场上剩余产品的标签在 2003 年 2 月 19 日之后也必须符合法规要求

本机构不要求对已经贴上了"警告：联邦法律禁止无处方配药"声明的产品进行销毁或重新标签以满足新的需求。在修订产品标签时，需按照 126 条款的要求实施相应的变更。2003 年 2 月 19 日这一时间限制是为了给完成这一目标定一个合理的截止时间。2003 年 2 月 19 日之后，所有从制造商、经销商或重包装后输送出的产品标签均应该符合现代化法案的 126 条款的要求。

7. 在实施期间，是否允许直接接触药品的容器标签声明"仅凭处方销售"而其他部分的标签（如纸箱和／或内包装）声明"警告：联邦法律禁止无处方配药"

当公司实施新要求时，FDA 并不会反对有关凭处方销售的声明在不同标签之间有所不同。

8. 相关机构是否会发布一个拟议法规实现这些变化

相关机构将在 FDA 法规中启动此方面的立法以配合 126 条款的更改。

9. "警告 – 可能成瘾"的表述是否可以继续出现在直接接触产品的包装标签上

法案 502（d）部分的废除并不禁止产品标签上仍然出现"警告 –

可能成瘾"的语句,因此,它可以继续保持。但是,本机构认为,药物成瘾特征应在产品说明书中"药物滥用和依赖"部分已经充分描述,有关安全用药的警示在外包装上不必说明。这些警告应该由医护人员向患者详细描述。在大多数情况下,除独立使用的小包装外,直接接触产品的包装容器上的警告声明仅仅是为药剂师提供而非患者。因此,警告患者是配药医疗团队的责任。此外,用于指明受控物质用药时间间隔的标识传达着药物可能成瘾的信息。

第二节｜直接面向消费者的广播广告

Consumer-Directed Broadcast Advertisements

一、简介

本指南旨在帮助有兴趣通过广播媒体，如电视、广播或电话通信系统直接向消费者为他们的人用或兽用处方药物（包括人用生物制品）做广告的广告方。

二、背景

《联邦食品药品和化妆品法案》（以下简称 FD&C 法案）要求为人用和兽用处方药物，包括人用生物制品做广告的制造商、包装商和分销商（统称广告方）需在广告中披露该产品的使用和风险信息。对于处方药物和生物制剂，FD&C 法案要求广告包含"副作用，禁忌证和有效性的简要概述"（21U.S.C.352（n））。由此产生的信息披露通常称为"简要概述"。

处方药广告法规（21 CFR 202.1）区分了印刷广告和广播广告。印刷广告必须包括简要概述，通常要包括产品已批准包装标签上的所有风险要素。通过媒体，如电视、收音机、通信电话系统进行传播的广告时，必须在音频或视频部分声明处方药产品的主要风险，这通常被称为"主要声明"。本指南不对主要声明的要求进行解释和阐述。广播广告的广告方应提供"简要概述"，或可"提供充足的渠道以获取有关广播广告中宣传的已批准标签内容更多的信息"（21 CFR 202.1（e）（1）），这被称为"充分信息渠道"的要求。因此，法规要求，"主要声明"和为宣传已批准产品标签信息而提供的"充分信息渠道"，要可以提供广播广告中所要求披露的信息。

本指南的目的是描述一个 FDA 认为可以符合要求的提供"充分信息渠道"方法，以满足直接面向消费者的处方药品和生物制品的广播广告宣传。该方法要求广告符合以下要求。

●在任何方面都不包含虚假或误导性的信息。对于处方药，要传递这样的信息——仅凭处方才可以获得广告的产品，只有处方医疗专业人员才可以决定产品是否适合患者。

●在阐明药品有效性的同时要指出产品的风险性。

●用消费者易懂的语句，在全面的主要声明中传达关于产品所有重要的风险信息。

●用消费者易懂的表述方式，说明所有产品的相关信息（包括限制使用的情况）。

三、满足"充分信息渠道"要求

通过直接面向消费者的广播广告为产品做广告的广告方需采取措施使不同的潜在受众能够方便快捷地了解到广告产品标签上的内容，以满足"充分信息渠道"要求。这些受众应包括许多不能使用技术复杂的媒体（如互联网）的人和不主动请求额外产品信息的人或担心搜索产品信息时泄露个人信息的人。以下描述的是一个可被接受的宣传产品已批准标签内容的方法，此方法包括以下部分。

1. 在广告中为消费者提供咨询药品标签信息的免费电话号码。拨打时，消费者有以下选择：

● 将标签及时邮寄给消费者（例如，2 个工作日内寄出，通常在 4~6 天内收到）；

● 通过电话将标签内容读给消费者听（例如，为消费者提供事先录制好可供选择的标签题目）

2. 参考其他广告的方法，为不能使用复杂技术（如网络）、不主动请求额外产品信息以及担心搜索产品信息时泄露个人信息的消费者提供包装标签信息。一种可接受的方法是将附加产品信息以印刷的形式出现在能够面向受众的出版物上，广播广告时应至少说明其中一个印刷性广告的位置。如果印刷性广告是"充分信息渠道"中的一部分，那么它应该为消费者提供一个免费的电话号码和地址，以便消费者对完整包装标签内容进行进一步咨询。这种获得产品标签方法的优势在于，以简要的概述形式提供了大量信息，同时广告内容本身也提供了大量信息。

FDA 认为，广播广告被广泛传播时，确保被动的或担心隐私外泄的人能够充分获得详细的产品信息，这对实现"充分信息渠道"的要求是至关重要的。因此，与广泛传播的广播广告相关的印制广告也应该在目标受众中广泛宣传。

另一种提供私人访问产品信息的方法是确保各种公共场合（如，药店、医生办公室、商店、公共图书馆）有足够数量的含有包装标签信息的宣传手册，这样听广播广告的受众就可以在不超出他们正常活动的范围内随时获得完整的标签信息。这种方法只有在广播广告的受众范围是相对有限的情况下可行。

3. 在广告中提供一个包括产品标签信息的网页网址（URL）。

4. 在广告中说明药剂师、医生（或其他医疗服务提供者）或兽医（在兽药的情况下）可为消费者提供额外的产品信息。这种说明应该清楚表明，涉及的专业人员是其他产品信息的来源。

当消费者个人和广告方进行电话沟通时，广告方会向消费者阐述有关此产品的名称、说明和建议等信息（如适应证），这就导致电话广告是一种承诺性广告而非提醒性广告。在这种情况下，这样的广告要遵照 FD&C 法案和其他相关法律法规中信息披露的要求。然而，电话广告不同于通过电视和电台传播的广告。通过电话沟通，消费者已经表明了其讨论这个话题或接受更多信息的意愿。因此，对通过电话广告宣传标签信息，"充分信息渠道"的要求更容易实现。对于这样的广告，"充分信息渠道"可由以下可选的两个方式实现：产品标签会及时寄给来电者（例如，在 2 个工作日内寄出，一般在 4 ~ 6 日内收到）；通过电话为其读取标签内容（如，让消费者选择录制好的标签主题），同时披露医疗服务提供者是其他产品信息的来源之一。

当广告是以外语的形式呈现时，"充分信息渠道"中的重要组成部分——信息来源（例如，印刷广告或宣传手册、网站、免费电话录音信息或运营商）使用的语言应与广告语言相同。无论广告使用什么语言，现行的广播广告相关法规要求，宣传已批准的产品标签信息时，主要使用英语，并且通常是针对医疗保健专业人士的书面用语。本机构非常鼓励广告方同时考虑消费者的利益，在广播广告中使用非促销性的、易懂的语言对产品信息进行描述。（如，FDA 批准的面向患者的标签或用准确的、消费者易懂语言向患者转述产品标签信息）。

第三节 | 老年患者用药标签的内容和格式

Content and Format for Geriatric Labeling

一、简介

在 1997 年 8 月 27 日发布的《联邦公报》最终法规中（62 FR 45313），FDA 在人用处方药和生物制品的标签部分增加了老年患者用药的相关说明，为老年患者用药提供相关信息。本指南的目的是为处方药和生物制品标签中老年患者用药部分信息的提交提供指导。本指南讨论以下有关提交老年患者用药标签的问题：

● 修订后的标签由谁提交；
● 实施日期；
● 标签中规范可选的标准语言描述；
● 老年患者用药标签的内容和格式；
● 老年患者用药标签补充申请的用户费用。

二、背景

1997 年，FDA 为了完善处方药及生物制品关于老年人（65 岁及以上）用药的信息，在人用处方药标签"注意事项"中建立了"老年患者用药"部分（21 CFR 201.57（f）（10））。因此，许多申请持有人应按照 21 CFR 314.70 或 601.12 的要求提交老年患者用药标签的补充申请。这些补充申请需要在实施前经相关机构批准，以下情况除外：

● 按照 314.70（c）（2）或 § 601.12（f）（2）中的要求，标签添加或改变注意事项、剂量和给药途径的；

● 按 201.57（f）（10）（ii）（A）要求提交标签更改的（例如，现有的数据不足以确定老年患者用药后的反应不同于年轻患者的反应）。

三、申请持有人对提交修订后标签的责任

根据老年患者用药标签规定，需提交有关老年患者用药标签补充申请的药品可以分成三类（表 8-1）。第一类中包括所有已批准新药上市申请（NDA）或生物制剂许可申请（BLA）以及在参比制剂列表中的仿制药上市申请（ANDA）的上市药品，提交的资料应包括修订后的标签和支持修订的数据。第二类包括未经批准但已上市的药品，已批准 NDA、BLA 或 ANDA 但未上市的药品和非处方（OTC）药，不需要提交任何资料。第三类（例如，已批准 ANDA 且已上市但不在参比制剂列表中药物产品），当药品标签为增加老年患者用药相关信息而进行修订时，应根据橙皮书中经批准上市的参比制剂的标签进行修订，并提交修订后的标签。

表 8-1 老年患者用药标签修订分类

药品类型	提交文件
●已批准新药上市申请和生物制品上市许可申请的上市药品 ●经仿制药申请批准的上市药品，并且该药品是药品一致性评价中公开批准的参比制剂①	修订后标签和支持性数据
●未经注册批准的药品（如，1938 年以前未经过注册批准的药品） ●已批准新药上市申请、生物制品上市许可申请和仿制药上市申请但未上市药品② ●非处方药产品	无
●经批准上市的仿制药，但未在上市参比制剂列表中	根据参比制剂的老年患者用药部分修订后的标签

注：①一些仿制药申请产品可能仅仅因为与原研药相比剂型不同（如，片剂和胶囊）就被指定为参比制剂，但它们的标签仍然与原研药标签一致（例如，NDA 持有人的标签发生变化（原研药），ANDA 持有人的标签也进行同样的变更）。在这种情况下，ANDA 持有人需要提交关于老年患者用药信息的补充申请或没有此方面信息时，提交承诺将与原研药标签的变更保持一致的补充申请。ANDA 药品是参比制剂且市场上没有对应的原研药时，ANDA 持有人应提交老年患者用药部分的补充申请。

②如果申请持有人决定继续上市销售某药品，那么在上市前需要提交老年患者用药标签的补充申请。

四、老年患者用药标签相关法规的实施

老年患者用药标签的相关法规（62 FR 45313）为在 1998 年 8 月 27 日此法规生效前批准的产品提供了不同的执行日期。因为某些类别的药品会对老年患者造成潜在不良影响，这些药物标签的变更应优先实施并在 1998 年 8 月 27 前提交至 FDA（62 FR 45320）。以下几类药品应优先实施标签的变更：

●精神药品（抗抑郁药、抗焦虑药、安眠药、抗精神病药物）；
●非甾体类抗炎药（NSAIDs）；
●地高辛、抗心律失常药、钙通道阻滞剂；

● 口服降糖药；

● 抗凝血剂；

● 喹诺酮类。

对于不在优先类别中的上市药品，计划实施时间取决于药物产品
新分子实体（NME）（活性成分）或生物制品许可首次批准的时间。
表 8-2 总结了提交老年患者用药标签的日期。1998 年 8 月 27 日
之后提交的任何申请，标签中必须包括老年患者用药部分（201.57
（f）（10））。对于目前正在审查的新药申请，应提交已增加老年患
者用药部分的标签作为补充申请。

表 8-2 老年患者用药标签的提交日期

药品类别	提交类型	日期
	新的申请	
1998 年 8 月 27 日后提交的申请	NDA 或 BLA 申请	根据申请时间
1997 年 8 月 27 日后 1998 年 8 月 27 日前提交的申请	修订（如果正在等待）补充（如果已经批准）	1998 年 8 月 27 日
	优先实施的上市药品 *	
1998 年 8 月 27 日前首次批准的新分子实体	补充申请	1998 年 8 月 27 日
	未在优先实施列表中的上市药品	
1989 年至 1997 年 8 月 27 日间首次批准的新分子实体或生物制品	补充申请	1999 年 8 月 27 日
1982 年至 1988 年间首次批准的新分子实体或生物制品	补充申请	2000 年 8 月 27 日
1975 年至 1981 年间首次批准的新分子实体或生物制品	补充申请	2001 年 8 月 27 日
1963 年至 1974 年间首次批准的新分子实体或生物制品	补充申请	2002 年 8 月 27 日
1963 年以前首次批准的新分子实体或生物制品	补充申请	2003 年 8 月 27 日

注：* 优先实施的上市药物为精神药品，非甾体类抗炎药（NSAIDs），地

高辛、抗心律失常药、钙通道阻滞剂，口服降糖药，抗凝血剂，喹诺酮类。无优先实施的生物制品。

在橙皮书中被列为参比制剂的仿制药的标签如果与原研药的标签不一致，仿制药申请持有者应提交一个老年患者用药标签的补充申请。不在橙皮书参比列表中的所有仿制药申请持有者应对标签按照最新批准的参比制剂的标签进行修订。如果仿制药申请持有者在本指南发布之后被列为参比制剂的，持有者应按照本指南规定的方式进行补充申请。

五、规范的、可选的标签标准语言描述

老年患者用药标签规定（§201.57（f）（10））从（i）到（vi）共有6段内容描述。基于可用信息的类型和对这些信息的解释说明，此规定列出了各种可用于标签中老年患者用药部分的描述方式。此外，（ii）（A）、（ii）（B）和（iii）（B）还说明了老年患者用药部分的标准化语言。对老年患者用药标签进行补充申请或修订，应当包括一个封面页以清晰地阐明本次提交的内容是针对于标签中老年患者用药部分的，并要引用法规中与本次修改有关的具体段落。提交的标签可能引用到不止一段的内容。表8-3总结了（i）到（vi）段的要求。

表8-3 21 CFR 201.57（f）（10）中从（i）到（vi）段内容简述

201.57（f）（10）中的段落	老年患者用药部分信息
（i）	老年患者用药相关的具体阐述包括在"适应证和用法"（INDICATIONS AND USAGE）部分，并在其他部分[如，临床药理学（CLINICAL PHARMACOLOGY）、警告（WARNINGS）、预防措施（PRECAUTIONS）]有更详细的描述

（续表）

201.57(f)(10)中的段落	老年患者用药部分信息
（ⅱ）	一般而言，对于药品应用于老年人群的声明包括在用于成人的相同的声明中。声明必须反映所有申请人可以提供的与老年人群用药相关的信息且为以下三种之一
（ⅱ）（A）	如果临床研究的老年患者数量不足以①确定老年患者用药反应是否不同，那么标签标准用语使用（ⅱ）段
（ⅱ）（B）	如果临床研究的老年患者数量足以确定老年患者用药反应与成人用药反应没有差异，那么标签标准用语使用（ⅱ）段
（ⅱ）（C）	如果临床研究和经验表明老年患者用药在有效性和安全性方面有差异，那么标签中应参考相应部分 [例如，临床药理学（CLINICAL PHARMACOLOGY）,警告（WARNINGS）、预防措施（PRECAUTIONS）] 对差异进行简要描述和详细讨论
（ⅲ）（A）	老年患者用药的药效学和药动学信息应在标签中参考相应部分（例如,临床药理学(CLINICAL PHARMACOLOGY),药物相互作用(DRUG INTERACTION）预防措施（PRECAUTIONS)）进行简要描述和详细讨论
（ⅲ）（B）	实质上通过肾脏排泄②的药物使用的标准化语言
（ⅳ）	标签中应参考相应的部分 [如，禁忌证（CONTRAINDICATIONS）、警告（WARNINGS）、预防措施（PRECAUTIONS）] 对老年人用药的具体危害进行详细讨论
（ⅴ）	基于 GCP 和历史经验的加强用药安全的声明
（ⅵ）	若果（ⅰ）到（ⅴ）都不适用或与标签不相关，申请人必须提供省略声明的原因和可能提供的其他声明

注：①低于 100 例老年患者（参见 62 FR 45313 和 45317 部分的讨论）；②相关规定没有对"实质上通过肾排泄"进行定义（参见 62 FR 45313 和 45318 部分的讨论）。

由于目前还未有包含具体老年患者用药说明的申请被批准，FDA 也不提倡申请持有人按照 201.57（f）（10）（ⅰ）要求提交老年患者用药标签的补充申请。（ⅰ）部分是对未来提交的 NDA 或 BLA 以及目前正在审理的申请中的具体老年患者用药说明的相关要求。在这两种情况下，不会对申请重新审评，因为老年患者用药标签的相关信息将作为正在审评的 NDA 或 BLA 的原始文件或修订文件提交。

在某药品不适用于老年人群的情况下，申请持有人应按照 201.57

（f）（10）（vi）的规定提交补充申请，以要求删除老年患者用药
部分或提出一个类似的可行的要求并说明原因。

法规中关于老年患者用药标签的陈述不适用于大多数局部眼科
制剂。一般而言，在有效性和安全性两方面，临床研究还未证
实老年患者和青壮年患者对局部眼科制剂的临床反应有所不同。
通常，局部眼科制剂系统吸收少，因此系统间相互作用不太可
能发生或不常见。当老年患者和青壮年患者临床反应未发现不
同时，局部眼科制剂新药申请的申请人应要求按照 201.57（f）（10）
（vi）的规定对老年患者用药部分做一个相关说明，比如"在药
物安全性和有效性方面，未发现此药在老年患者和青壮年患者
之间存在差异"。

六、内容和格式

在 1998 年 2 月 11 日发布的联邦公报中（63 FR 6854），FDA 修
订了 NDA 的格式和内容方面的有关规定，要求 NDA 中要有不
同人口分组，包括年龄分组之间的安全性和有效性数据（21
CFR 314.50（d）（5）（v）和（vi）（a））。1998 年 8 月 10 日生
效的此法规中，FDA 又修订了新药临床研究申请（IND）的相
关规定，要求申请人在年度报告中以表格形式汇总药品或生物
制品临床研究中不同分组，包括年龄分组参与研究的人数（21
CFR 312.33（a）（2））。

所有遵照老年患者用药标签最终法规提交的补充申请应在 FDA
356h 表格中"提交原因"一栏中标注"老年患者用药标签补充申
请"，将表格提交给 CDER 和 CBER。需要包括在补充申请文件中
的信息包括如下内容

1. 附件。 附件需包括以下信息。

（1）说明该文件是老年患者用药标签的补充申请。

（2）关于此补充申请引用的具体法规段落。

（3）用户费用支付识别码（如适用）.

（4）如果不需要缴费，解释原因。

2. 详细目录。

3. 修订后的标签。

（1）包括修订后的标签草案

（2）包括标记过的上一次批准的标签副本，清楚地表明添加和删除部分，用注释标明文件中支持数据的位置。

（3）提交至 CBER 的文件要采用 FDA 2567C 标签和通知传递表格。

4. 适用的法规段落。

阐明标签修订是参照 201.57（f）（10）（i）~（vi）中的某个段落，并解释是怎样应用法规的。

5. 用户费用。

如果适用，那么需要向指定银行提交相应的用户费用。每个提交文件（OMB No. 0910–0297）需包括用户费用封面表单（表格 FDA 3397）。如果不需要缴纳用户费用，申请人需要在封面表单上说明。（见第"七"部分）

6. 支持老年患者用药标签修订的数据。

应按照数据类型（如有效性、药代动力学／药效动力学、安全性）分别进行阐述、分析和总结，数据包括从已发表文献中获得的数据，并采用"新药申请临床与数据部分的内容和格式"中所描述有关格式（FDA 1988 年发布）。另外，应包括以下几点内容。

1. 描述信息来源（例如，申请人临床试验数据、医学文献数据、药物监控数据）。

2. 安全性数据应包括药物暴露剂量、暴露时间和不良反应。

3. 仅在已经批准的标签中改变信息位置的，不要求重新分析原始数据来支持该信息。

4. 目前已批准的药品标签中对老年患者用药做任何变更，支持此变更的数据分析和源数据都需要提交。对于某些补充申请，其可能会有大量的相关数据，在这种情况下，通常要联系 FDA 申请所在部门，讨论应该提交哪些数据。

5. 提交的文件应阐明如何检索医学文献的（例如，《医学索引》），检索的时间范围（年／月～年／月），以及进行检索的日期。需要包含申请人查阅过的所有文献的清单。不需要对每篇文章进行总结，只有那些支持标签变更的文献需要按照"新药申请临床与数据部分的内容和格式"进行总结，并且提交的文件中要包含这些文献的副本。FDA 补充申请的审评员可能会要求提供未在文件中提交的但包含在清单中的其他文献。

七、老年患者用药标签补充申请的用户费用

和 1997 年 FDA 修订的现代化法案一样，1992 年发布的的处方药用户费用法案，也没有说明老年患者用药标签补充申请用户费用豁免的情形，尽管根据 FD&C 法案 736（d）条款（21U.S.C. 379 h（d））中列出的一些条款，补充申请可能有费用豁免的资格。然而很少有老年患者用药标签的补充申请需要支付用户费用，因为他们不需要对临床数据进行审批。只有补充申请中的临床数据需要审批时才需支付用户费用。

如果有任何关于资料提交的问题，制造商应该联系相应的审查部门。审查部门将决定老年患者用药标签补充申请中是否需要临床数据。需要临床数据的补充申请通常要承担用户费用，因此，除 FD&C 法案第 736 条（a）（1）规定的其他情形，补充申请要么支付用户费用，要么豁免。不需要临床数据的补充申请可考虑申请不支付费用。含有临床数据但不需要经过批准的补充申请，由于补充申请不会修改现有已批准标签中的语句，因此通常不会被要求缴纳用户费用。例如，大多数符合 201.57（f）（10）（ii）（A）和（B）情形的补充申请无需支付费用。

对于在警告（WARNINGS）、预防措施（PRECAUTIONS）或禁忌证（CONTRAINDICATIONS）等部分减少或去除某些与老年患者用药相关内容的补充申请应有数据支持。如果这些数据满足需收

取用户费用的定义要求那么该补充申请可能要缴纳用户费用。

八、有关 21 CFR 201.57（f）（10）的问题

未在本指南讨论的有关老年患者用药标签最终法规实施的任何问题应直接向 CDER 或 CBER 咨询。

● CDER，执行秘书处传真 301-594-5493 或邮寄地址 HFD - 006，马里兰州，罗克维尔市，渔民巷 5600 号，20857。

● CBER，交流、培训和制造商协助办公室，HFM-40，CBER，FDA，马里兰州，罗克维尔市，洛克维尔大道 1401 号，20852 - 1448。

有关申请的具体问题应直接咨询申请受理部门。

第四节 | 专用体外诊断医疗器械标签上标志符号的使用

Use of Symbols on Labels and in Labeling of In Vitro Diagnostic Devices Intended for Professional Use

一、简介

本文件参照 21 CFR 809.10 中 FDA 对体外诊断医疗器械（以下简称 IVDs）标签的要求和 21 CFR 中第 610、660 部分中 FDA 对根据公共卫生署法案获得许可的生物医疗器械（包括 IVDs）标签的要求，对专用 IVDs 使用特定标志符号代替文字来传达法定要求的信息提供指导。这些建议仅适用于专用 IVDs 标签上标志符号的使用，不适用于非处方或处方类家用 IVDs。正如《联邦食品药品和化妆品法案》（以下简称 FD&C 法案）中 502（u）部分所述，本指南并没有说明用唯一且公认的标志符号来区分设备的生产厂商。

注：本指南中使用的术语"标志符号"指的是使用无对应文字的图形符号。

本指南适用于行业和 FDA。

最简单的方法：

这个指导文件中提到的问题代表了我们认为应该在设备上市销售之前应解决的问题。在指南编写过程中，我们仔细考虑了法定机构的相关决策标准，也考虑到了申请人在按指南要求解决相关问题时的难处。我们认为，本指南中对相关问题提出的解决方法已是最简单的方法。然而，如果认为有更简单的方法来解决问题，则应遵循"更简单解决问题的建议方法"文件规定的程序执行，此文件可以在我们中心网页下载，网址是 http : //www.fda.gov/cdrh/modact/leastburdensome.html.

二、背景

IVDs 的市场是国际化的。欧盟（EU）成员国试图通过欧盟的体外诊断医疗器械指令（指令 98/79 / EC，以下简称 IVD 指令）协调体外诊断医疗器械的国家立法。IVD 指令在 2003 年 12 月 8 日全面生效，自生效日起，欧盟成员国国内销售的 IVDs 必须符合 IVD 指令且具有 CE 标志（表示待售产品通过欧盟认证）以表示满足要求。

欧盟的 IVD 指令和 FDA 21 CFR 809.10 和 21 CFR 610 部分、660 部分的法规都要求 IVDs 本身或者其标签上应标有重要信息。IVD 指令明确指出每个欧盟成员国可以要求这些信息以其本国家的语言来表述，因此同一个体外诊断医疗器械的标签上可能会有多种语言，以便在欧盟范围内销售。另外，IVD 指令鼓励使用统一的标准符号代替文字来传达所需信息。鉴于不同成员国可能要求使用不同的语言，且大多数 IVDs 及其包装都很小，IVD 指令对标志符号的规定代表了一个大趋势，制造商可由此实现在国际市场的合规性。

同样，标志符号的使用可以帮助 IVDs 的制造商在美国和欧盟（和任何允许使用这些国际标准符号的其他国家）市场上创建统一的标签，而不需要为每个市场制定单独的标签。由于符号比文本占用更少的空间，因此使用标志符号可使 IVDs 的标签不过于拥挤且更清晰。使用标志符号的另外一个优势是，当使用单一标签（而不是为美国市场设置一种标签，为欧盟市场设置另一种标签）时错误率会降低。当然，至关重要一点的是符号传达的内容必须与文字表达的含义一致且能够被广泛理解。

三、法律方面的考虑

FDA 法规中 21 CFR 809.10 和 21 C FR 610、660 部分规定了美国市场上销售的 IVDs 的标签需要包括的信息内容。这些规定指明了标签上应包括的内容和信息以及描述这些信息的先后顺序。除了少数例外，这些规定并没有限制制造商必须使用同一的文字表述来满足要求。

FD&C 法案 502（c）部分中，"如果有任何词语、语句或其他 FD&C 法案要求的信息未在标签上突出显示（相比于标签上其他词句，或其他医疗器械的标签设计），而这些语句可使在通常条件下购买和使用的普通个人容易阅读和理解"，则此药物或医疗器械被判定为错贴标签。因此，21 CFR 809.10 和 21 CFR 的 610、660 部分要求的信息也必须满足 FD&C 法案 502（c）部分的需求。

对于法规中要求的用于传达信息的标志符号，必须是一个"术语"，也就是"普通个人在通常条件下购买和使用时容易阅读和理解的"的语言。本指南统一了两个国际标准中 FDA 认为可以满足需求的标志符号，因此依照 FD&C 法案 514（c），FDA 将认可在 IVDs 标签上使用特定符号（见 2003 年 4 月 28 日发布的联邦公报（68 FR 22391）; 2003 年 10 月 28 日纠正了其中的认可范围（68 FR 61448））。在这种背景下，我们将"普通用户"定义为狭义上的 IVDs 专业用户。"通常的购买和使用条件"是指在实验室环境中。根据 FD&C 法案 514（c），通过对国际共识标准的认可过程，FDA 收到了在美国进行的用户理解研究的结果，证明了目标受众可以理解本指南中所说的在标签上替代文字使用的 25 种符号。

这些标志符号的使用也可以帮助满足 502（c）中"显而易见"的要求。正如上面所说，大多数 IVDs 体积小，贴标签的空间有限。用符号代替一些文本语句，制造商可提高标签的易读性，从而可以更好突出所需"突出"的信息。对这些标准符号识别度进行的研究报告也表明，参与者大力支持用符号代替文本。

本指南文件认为，通过共识标准认可过程确定的标准符号已经提交至 FDA 并被 FDA 接受，依照 21 CFR 809.10 和 21 CFR 610、660. 部分的要求，这些符号可能被作为与 IVDs 专业用户进行交流的术语，制造商有责任修订标签使其符合这些规定和 FD&C 法案及其他法规的要求。

如上所述，21 CFR 809.10 和 21 CFR 660 部分的一些规定指明了特定的标签语言。基于执法自由裁量权，FDA 将不反对以下符号的使用。

●按照 21 CFR 809.10（a）（4）、809.10（b）（5）（ii）、660.28（b）（13）和 660.55（b）（10）的要求，包装盒上用字母组成符号"IVD"来代替文字描述"供体外诊断使用"。

●用代表"仅供体外诊断医疗器械疗效评估"的符号代替文字声明"仅供临床实验使用，其性能尚未确立"。由于在 21 CFR 809.10（c）（2）（ii）中 FDA 将这个符号等同于此声明，本符号仅限于满足此要求的体外诊断医疗器械。临床实验或研究现状有关的标签受其他法规限制的体外诊断医疗器械，如 21 CFR 812.5（a），809.10（c）（2）（i）或 312.6（a）的要求，必须仍具有其他法规中要求的文字性陈述，不应该具有本符号。

表示"欧共体授权代表"的符号不需要履行 21 CFR 809.10 或 21 CFR 中 610 及 660 部分的要求，因为美国规定不需要提供这些信息。IVDs 制造商为了满足欧洲市场对标签的要求，一般希望此符号可以在美国和欧盟都可以使用。因此，只要不违反美国对标签的其他规定，制造商可以在美国使用此符号。例如，如果美国市场上的 IVDs 贴了"欧盟授权代表"符号，并且这一符号干扰了美国法律要求的信息沟通，那么该设备可能按 FD&C 法案 502（c）规定被视为错贴标签。

四、FDA 认可的 ISO 15223 和 EN 980 中的某些医疗器械标志符号

依照 FD&C 法案 514（c）建立的共识标准认可过程，在 2003 年 4 月 28 日发布的联邦公报（68 FR 22391）中，FDA 发布公告认可了某些用于上市前审评的标准，其中包括了下面列出的两个有关符号标识使用的标准。在 2003 年 10 月 28 日修订的联邦公报（68 FR61448）中，FDA 发布公告纠正了 4 月 28 日版联邦公布中认可的两个标准的范围。FDA 在以下两个国际公认标准中将 25 个符号认定为专用 IVDs 的标识符号。

● ISO 15223，医疗器械——医疗器械标签使用符号和应提供的信息

● EN 980，用于医疗器械标签的图形符号

图 8-1 中列出了各符号的含义。

标识	含义	标识	含义
	不可重复使用（DO not reuse）		使用期限：年 – 月 – 日 或年 – 月（YYYY-MM or YYYY-mm）
LOT	批次代码（Bate code）	SN	序列编号（Serial number）
	MACOLOG 制造日期（Date of manufacture）	STERILE	无菌（Sterile）
STERILE ED	经环氧乙烷灭菌（Sterikized using ethykene oxide）	STERILE R	经辐射灭菌（Sterilized ysing irradiation）
STERILE I	经蒸汽或干热灭菌（Sterikized using steam or dry heat）	REF	分类编号（Catalog number）
	注意，参考随附文件（Caution, consult accompanying documents）	STERILE A	经无菌处理技术灭菌（Sterilzed using aseptic processing technique）
	制造商（Manufacturer）	EC REP	欧盟授权（Authorized representative in the European Community）
Σ	充分进行的试验次数（Contains sufficient for <n> tests）		仅供体外诊断性能评估（For IVD Performance Evafuation only）
IVD	体外诊断医疗器械（in vitro diagnostic medical device）		温度上限（Upper limit of temperature）
	温度下限（Lower linit of temperature）		温度限制（Temperature limitation）
	参考使用说明（Consult instructions for use）		生物风险（Biological risks）
CONTROL	对照（Control）	CONTROL -	阴性对照（Negative control）
CONTROL +	阳性对照（Positive control）		

图 8-1　专用体外诊断医疗器械的标识符号及含义

FDA 通过共识标准认可程序得出的验证数据显示体外诊断医疗器械的专业用户，也就是这个标签的目标受众能够理解上述 25 个符号。具体来说，在美国实施的，由具有不同教育背景的专业实验室测试用户参加的研究表明，在有相关术语以及其他方法提示的语境下，这些符号能够被终端用户理解。第"五、"和"六、"部分从验证数据解释此认可过程的局限性。

五、体外诊断医疗器械的标签

FDA 认为这些符号只适用于体外诊断医疗器械的标签。这种认定证明了 FDA 与国际标准制定组织共同协调监管工作的努力。这种认定是由研究的范围和结果所支持的，并且这一研究已经提交给了 FDA。FDA 尚未收到支持在 IVDs 标签上使用任何其他符号以及在其他医疗器械的标签上使用这些符号的研究报告，其他医疗器械指的是普通用户和购买使用条件不同于 IVDs 的其他医疗器械。

六、专用标签

FDA 认可的这些符号仅在 IVDs 的专用标签上使用。FDA 并不认可将这些符号使用在非处方或处方类家用 IVDs 的标签上。通过 FDA 的共识标准认可过程得到的验证数据，支持在 IVDs 专用标签上使用符号，而非在消费者标签上使用。

七、术语表

FDA 建议每个体外诊断医疗器械都有术语表来定义在设备标签上使用的符号。无论是否用于该设备，这个术语表可能还包含被

FDA 认可的 ISO 15223 和 EN 980 中的其他符号标识。术语表可使用户熟悉符号的含义，当用户不能回忆某符号的含义时也可作为查找参考。术语表也有助于满足 FD&C 法案 502（c）条款的要求，确保在通常使用条件下，IVDs 用户能获得必要的参考资料，尽可能使他们可以理解符号。由于用户随手可得 IVDs 的说明书，FDA 鼓励在说明书中加入术语表。当 IVDs 的标签更新或修订时，术语表很可能只是一张单独的纸或卡片，但为确保便于获得，FDA 建议符号的术语表还是应作为说明书的一部分。

八、教育宣传

FDA 建议制造商对目标受众进行教育宣传，以提高其对新引入符号的理解。教育宣传应针对各种 IVDs 的专业用户（如实验室技术人员、护士、实验室助理、医疗助理）。FDA 建议可以通过以下方法来进行教育：

● 印刷性材料，如实验室出版的术语表、挂图、文章；
● 行业网站上的信息；
● 医疗服务人员的投稿；
● 专业杂志上的广告；
● 培训课程。

教育宣传应该延伸到该体外诊断医疗器械的流通链中的所有人，如批发商和分销商，他们需要知道有关有效期和储存条件相关的符号。

这些教育宣传方案通过为 IVDs 用户建立了一个可理解所使用符号的环境，从而能够满足 FD&C 法案 502（c）条款是要求。

FDA 建议制造商评估教育宣传活动，以确定这些活动是否有效地使 IVDs 用户理解符号的意义。

九、其他符号的应用指南

CDRH 将考虑通过 FDA 的共识标准的认可过程，认可其他符号使用在 IVDs 的标签中。关于这个过程的更多信息，请参考 FDA 的相关网页：http：//www.fda.gov/cdrh/stdsprog.html。

十、实施

对于 FDA 已批准上市前批准申请的专用 IVDs，制造商可在上市前申请的补充申请未批准的情况下对标签进行变更，用 FDA 认可的符号来代替文本内容。按照 21 CFR 814.39（b）的要求，其他标签变更可能需要提交新的上市前申请。根据 21 CFR 814.84，上市前申请持有人在实施这类变更时应在上市前申请的下一年度报告中通知相关机构。同样，根据 21 CFR 601.12（f）（3）（A），生物医疗器械许可证持有人实施这类变更时应该在下一年度生物医疗器械许可申请的年度报告中通知相关机构，相关机构将考虑这些变更是属于重要变更还是微小变更。对于售前通知（Premarket Notification，510（k））已被许可的 IVDs，制造商可直接用被认可的符号代替专用 IVDs 现行标签上等同的文本，而不需要提交新的售前通知。（其他标签的信息更改可能需要提交新的 510（k）时，请参见 21 CFR 807.81（a）（3）和 FDA 的指导文件，"现有设备变更何时提交 510（k），"，网址 http：//www.fda.gov/cdrh/ode/510kmod.pdf）

根据 21 CFR 803 部分的要求，制造商和进口商应当向 FDA 报告

在专用 IVDs 标签中使用符号时出现的任何不良事件。报告形式
和指导可在以下网址中获得：http：//www.fda.gov/medwatch/safety.
html。

第五节 | 以电子格式递交申请——标签内容

Providing Regulatory Submissions in
Electronic Format —Content of Labeling

一、简介

这是系列指南文件之一，旨在协助申请人向 FDA 提交电子格式的申请。相关机构关于以电子格式递交申请的指导文件将会定期更新，以顺应电子技术的变化以及使用这种技术经验得出的改进方案。

本机构也正采用这种新技术来处理和管理标签和标签的变更，包括以电子格式提交的标签内容。本指南介绍了如何用基于可扩展标记语言（XML）的结构化产品标签（SPL）标准的格式提交申请的标签内容。

本指南讨论了以电子格式递交的与人用药和生物制品上市申请有关的标签内容的相关问题，包括满足《联邦食品药品和化妆品法案》（以下简称 FD&C 法案）药品定义的新药上市申请（NADs），简略新药上市申请（仿制药上市申请，ANDAs）和生物制品上市许可申请（BLAs）。根据 21 CFR 201.100（d）（3）的规定，标签内容包括所有文本和图表（通常称为药品说明书或专业标签）。

本指南适用于与原始申请、补充申请以及年度报告中有关标签的内容。其他法规中（例如 21 CFR 314.50（e）（2）（2））要求的格式化标签和附件样本，包括纸箱和容器标签，必须以 PDF 格式的电子文档或纸质文档形式提交。

如果需要关于提交电子格式的申请的系列指南清单，可以参见"以电子格式递交申请——总则"。总则中也说明了对所有申请类型都适用的共性问题（例如，正确的文件格式、媒介、提交程序）。

二、背景

（一）电子标签规定

2003 年 12 月 11 日，FDA 发布了最终规定（电子标签规定）要求以电子格式递交上市申请中有关标签内容的部分（68 FR 69009）。电子标签规定的相关要求可见于 § 314.50（l）部分（针对 NDAs），§ 314.94（d）部分（针对 ANDAs），§ 601.14（b）部分（针对 BLAs）和 § 314.81（b）部门（针对上市申请年度报告）。电子标签规定于 2004 年 6 月 8 日生效。这一规定中指出以电子格式提交的标签的内容必须能够保证 FDA 正确处理、审核和存档。规定中还声明 FDA 将定期发布关于如何提交电子格式的指南。本指南中提供了如何以电子格式提交标签内容的相关信息。

（二）标签及标签变更处理的新技术

规定中要求以电子格式提交的标签内容必须能够保证 FDA 正确处理、审查和存档该文件。自 1999 年以来，FDA 已经收到以 PDF 格式递交的电子标签内容，这种格式能够保证对标签内容进行处理、审查和存档。然而，医学研究所和国家生命与健康统计委员会的建议以及 2003 年发布的医疗保险处方药改进和现代化法案

（公法 108173）中的规定，为电子标签的信息定义了新的作用。电子格式的标签内容将被用于支持医疗信息管理技术，如电子处方、电子健康记录（EHR），其可以为医护人员、患者和其他经授权的用户提供以电子方式访问患者信息的途径；再如 DailyMed 软件，其是在医疗信息系统中使用的以计算机化的形式发布最新最全的药物治疗信息的新方法。

当前使用的用 PDF 格式递交申请的程序并不能满足上述电子信息管理的要求。为能满足要求，本机构正在改变标签内容处理、审阅和存档的方式。基于临床文档体系结构（CDA），本机构正采用一种能够在电脑系统之间进行信息转换的新技术。CDA 是在 Health Level 7（HL7）中发展起来的，HL7 是被美国国家标准协会（ANSI）认可的标准开发组织。CDA 允许以可扩展标记语言（XML）进行信息交换，同时也是电子健康记录的审查标准。

FDA 以及 HL7 中的其他各方（HL7 的专家、工业和技术专家），已经在一个 HL7 标准中将 CDA 应用在标签中，称为结构化产品标签（SPL）。与 PDF 相比，SPL 具有以下优点。

● SPL 允许计算机系统之间进行信息交换，而 PDF 不能实现。例如，SPL 中的信息可以用来支持医疗信息技术策划，以改善患者护理质量。

● 与 PDF 相比，无论对于 FDA 还是制造商来说，使用 SPL 能够使标签变更信息的交换更加容易且更有效率。例如，使用 SPL 时，只需要检查标签中那些发生变更的部分或数据而不需检查整个标签。

● SPL 能够按节自动进行文本比较，并能自动比较具体的药物信息数据。

● SPL 也可以用来交换其他申请提交时所需的信息，如药物清单，因此可以消除冗余数据，提高效率。

本机构正在开发一个采用 SPL 处理和管理标签及标签变更的自动化系统。药品审评与研究中心已经在编号为 92S– 0251 的公共案卷中将 SPL 作为 FDA 处理、审查和存档标签内容的格式。在向自动化系统过渡的过程中，PDF 或 SPL 文件格式的标签内容本机构都可以接受。自动化系统实施后，PDF 将不再是处理、审查和存档标签内容时可用的格式。SPL 的变更将只适用于那些自动化系统实施后提交的标签内容文件。目前，我们的目标是在 2005 年秋季前，完成向以 SPL 格式递交已批准处方药的标签内容过渡。本机构正在向 SPL 格式改变，这样，标签的内容就能以多种方式被利用，如搜索、在系统之间转换、与其他数据源结合等，从而可以支持电子健康数据。到那时，本机构将继续以电子申请提交机构指南中规定的格式接收电子申请的其他部分。

三、一般事项

根据 § §314.50（1）、314.81（b）（2）、314.94（d）和 601.14（b）的要求，本指南适用于以电子格式递交的所有上市申请（包括 ANDAs、BLAs、NDAs）中的标签内容部分。

（一）提交标签内容的文件格式

自动化系统实施之前，我们可以接受 PDF 或 SPL 文件格式的标签内容。实现自动化系统后，我们将只接收 SPL 格式的标签内容。

本指南基于 HL7 SPL 规范，说明了如何使用可扩展标记语言（XML）提交标签内容。

如何基于奥多比（Adobe）公司说明使用 PDF 格式提交标签内容，参考现行关于以电子格式递交申请的机构指南。

（二）创建标签文件内容

如何创建提交至 FDA 的标签内容文件，请参考 HL7 发布的结构性产品标签（SPL）相关的具体标准。SPL 的标准可以从 HL7 网站（网址：www.hl7.org）获得。其他关于创建 SPL 格式的文件内容的细节可在 HL7 文件"FDA 标签内容递交 SPL 实施指南"中找到。实施指南可在 HL7 网站（http://www.hl7.org）上找到。在 FDA 网站上（网址为 www.fda.gov/oc/datacouncil/spl.html.），有 HL7 网站上 SPL 相关文件和其他 SPL 相关资源（包括最近的更新，查看 SPL 文件的样式表文件和标签实例）的链接。

在 PDF 格式的标签内容中通常要包含书签部分，而 SPL 文件不需要此部分，因为 SPL 的标签文件提供了此功能。SPL 不能够取代用于确定标签变更的其他方式（如传真、Word 文件）的各种方法。自动化系统实施之前，FDA 只能接受以完整 SPL 文件格式提交的标签内容。提交的多个版本的标签（如，"计划的"或"现行的"）和以 pdf 格式提交的历史文件，仅在自动化系统的实施后淘汰。

（三）提交标签内容的步骤

标签内容必须以电子格式提交（§§314.50（1）、314.94（d）、601.14（b）和 314.81（b）），即使它是纸质版申请的一部分。自动化系统实施之前，应遵循本指南或关于以电子格式递交 NDAs 或 BLAs 的机构指南中关于如何提交电子格式的标签内容的要求执行。自动化系统实现后，应遵循本指南中对提交电子格式标签内容的要求。

注意：为了能够保证 FDA 处理、审阅和存档电子形式的标签内容，所有提交的文件，包括年度报告，必须遵循 21 CFR 第 11 部分对电子标签的规定（§§314.50（l）、314.94（d）（1）、601.14（b）和 314.81（b））并将文件提交到编号为 92S-0251 的公共案卷规定的文件处理中心。因此，直接提交到文档部门办公室或没有按照文件接收存档相关规定直接提交给审查者的电子文件不能被视为待审评的官方文件。

（四）技术难题和问题

如果对本指南中有关标签内容提交文件的建议有任何技术上的问题，请联系相应的电子文件提交的技术人员，邮箱为 esub@cder.fda.gov 或 esubprep@cber.fda.gov。有关标签内容的具体问题应直接咨询相应的审评部门或办公室。

四、建立提交文件的主文件夹

SPL 标签文件的内容应单独放在名为"spl"的文件夹中。无论是电子版申请还是纸质版，所有以 SPL 格式提交的文件均应放入 spl 文件夹。

如果 SPL 格式的标签内容和电子版申请一起提交，应将 SPL 文件夹放在相应的标签文件夹中。关于在电子申请提交时建立文件夹的更多信息，参见现行的以电子格式递交申请的机构指南。

<table>
<tr><td>第六节</td><td>人用处方药和生物制品标签中剂量和给药部分——内容和格式</td></tr>
</table>

第六节 人用处方药和生物制品标签中剂量和给药部分——内容和格式

Dosage and Administration Section of Labeling for Human Prescription Drug and Biological Products — Content and Format

一、简介

本指南旨在帮助申请人按照 21 CFR 201.57（c）（3）的要求起草标签中"剂量和给药"（DOSAGE AND ADMINISTRATION）部分。指南提供了以下建议：

●需要包含在此部分中的信息类型；
●此部分所包含信息的组织格式；
●将标签中其他部分信息纳入"剂量与给药"部分的情况以及怎样表述此信息。

本指南的目的是确保"剂量和给药"部分包含所有与保障药物安全有效用药相关的信息，并且这些信息是清晰可用的。

二、剂量和给药部分的内容

"剂量和给药"部分应该包括该药物所有适应证的以下信息（见第"三、（四）"部分，有多种适应证的药物），这些信息应能够被理解且与此药物安全用药的剂量和给药方式相关。下面描述的信息类型并不是对所有药物均适用。在某些情况下，下面未描述到的信息类型也可适当纳入到这部分中。"剂量和给药"部分包含的建议或其他信息可参考标签其他部分中相关的更详细的信息（见第"四、"部分）。

（一）基本剂量信息

此部分必须包含以下信息（§ 201.57（c）（3）（i））：

●推荐的起始剂量（如果此剂量不同于通常的推荐剂量）；

●通常的推荐剂量、给药方案（如，单次剂量或分剂量给药、给药时间、初始剂量和加剂量计划）和剂量范围；

●如果需要，给出减量方案（参见下面的"注意事项"）；

●当需要限制用药时程时，要给出用药时程（如，因为缺少长期使用药物的数据，对长期用药的毒性考虑、累积毒性或耐药性）；

●给药途径；

●输液时间（或速率），如适用（见第"二、（十一）"部分）

注意事项：同样，如果对停药有具体的剂量说明（如，对于突然停药有撤药反应的药物，应制定逐渐减量方案），这些说明需要在"基本剂量信息"中描述。

在描述剂量范围和用药时程时，如果已知用药超过一定剂量或超出一定使用时间时对治疗并无益处，那么必须确定此种情况下剂量和用药时程的上限。此外，如果已知用药超过一定剂量或超过一定使用时间，毒性累加致使风险大于其带来的益处，必须确定此种情况下剂量或用药时程的上限（§201.57（c）（3）（i）（B））。

（二）有效性评估监测

此部分应该提供有关有效性评估监测的所有信息，包含以下某种程度上可用的信息：

● 监测的类型和频率；
● 预计起效时间；
● 如何基于监测结果调整剂量；
● 由于明显缺乏有效性而停药的依据。

例如，对于降脂药物，在其标签"剂量和给药"部分应该确定哪些脂质需要监测，监测时间以及如何根据血脂情况来调整剂量。

（三）安全性评估监测

此部分应该确定治疗前（例如，在用肿瘤坏死因子-α抑制剂治疗之前进行结核菌素皮肤试验）或治疗中应实施的安全性监测具体程序，从而确定是否停药，是否维持或减少多次给药的剂量，是否延长周期性给药周期，或是否调整给药剂量或给药方案。例如，对于会引起嗜中性粒细胞减少症的化学治疗剂，其标签应该要说明中性粒细胞数量达到最低的预期时间；何时需要对嗜中性粒细胞减少症进行干预治疗，治疗多长时间；嗜中性粒细胞应恢复至多少数量才能进行后续周期的治疗以及如何调整重症嗜中性粒细胞减少症患者后续的治疗剂量。如果剂量调整方案很复杂（如，其是基于多种不良反应严重程度和类型的），那么该方案通常应该以表格、流程图或算法的形式进行表述。"剂量和给药"部分应该交叉引用"警告和预防措施"部分中有关安全问题的讨论。

（四）治疗时血药浓度监测

无论是基于有效性还是安全性方面的考虑，如果维持一定的药物或其代谢物血药浓度对于治疗很重要，那么"剂量和给药"部分必须说明具体的血药浓度期望水平（§201.57（c）（3）（i）（J）），且应该描述有关血药浓度监测的信息并说明如何基于监测结果调整剂量。

（五）由于药物间相互作用而做出的剂量调整

此部分必须描述对给药方案有重要影响的药物间的相互作用（如，减少剂量，相对于另一种药物剂量的给药时间）（§201.57（c）（3）（i）（H））。此部分的描述也应该交叉引用标签其他部分中有关药物相互作用更详细的信息（如，"药物间相互作用""临床药理学"部分）。当药物间相互作用发生或可能发生，但没有具体的剂量调整方案来抑制或控制此相互作用，此种情况下，一般不把这种相互作用列在"剂量和给药"部分（见第"四、"部分）。

（六）针对特定患者群体的剂量调整

如果适用，此部分必须对药物用于特定患者群体时需要的剂量调整进行描述，包括儿童、老年群体、族群、遗传特征群体、肾脏或肝脏疾病群体（§201.57（c）（3）（i）（H））。例如，在"剂量和给药"部分，应该用一张图表来说明如何根据儿童患者的体重调整剂量。对于肾脏疾病患者，这部分应描述如何根据肌酐清除率调整剂量。"剂量和给药"部分应该交叉引用标签其他部分中有关剂量调整的详细信息（如，"特殊人群使用""临床药理学"部分）。如果有信息显示药物的代谢和排泄在特定人群中存在差异或潜在差异，但没有针对这种差异具体的调整剂量方案，一般这样的信息不纳入"剂量和给药"部分（见第"四、"部分）。

（七）与遵守给药方案的有关重要事项

此部分必须包括与遵守给药方案有关的重要注意事项（§201.57（c）（3）（i）（G），（i））。如果严格按照给药方案用药尤为重要，那么这部分应该解释为什么重要，并说明不按照给药方案用药的潜在不良后果。举例如下。

● 如果给药方案描述为每 8 个小时一次，而不是一天 3 次，那么这部分应该解释 8 小时给药一次的重要性。

● 如果药物的给药时间必须根据食入摄入情况（如，空腹、饭后）或根据其他与此药同时服用的药物的给药时间确定，那么这部分应该解释给药时间先后的重要性（也可见于第"三（3）"部分）。

● 如果有信息能够充分支持错过一次或多次给药时应采取的措施，那么这些措施应该包括在"剂量和给药"部分（如，如果没有按规定的时间给药，在距下次用药时间 2 小时内不需要补服）。有关遵照给药方案给药的合理化建议和其他相关信息应该有具体数据支持（临床或临床药理学数据）。此部分的信息也应被包含在"患者咨询信息"部分和任何批准的患者标签中。一般而言，对所有药物治疗均可应用的广泛的建议不应纳入标签中（如，停药前请咨询医生）。

（八）术前用药和联合用药信息

1. 术前用药

这部分应描述术前用药的重要信息。例如，如果药物很可能导致过敏反应，从而要求术前用药以将这种可能性降到最低，则这部分应该描述术前用药法方案并交叉引用标签其他部分对用药过敏反应的详细描述。如适用，这部分还应该讨论术前用药选择，可以用于有过不良反应的患者，使其能够继续服用药物（如，当患者没有可替代的治疗方案时）。这部分也应该描述所有需要在给药前补充水量损耗或调整水量的水化治疗方案。

2. 联合用药

这部分应该明确并描述为减少毒性（如，止吐药与化疗药联合用药）或增强疗效（如，治疗急性冠脉综合征时，肝素钠和抗血栓药或溶栓药联合使用）而推荐使用的联合用药。如果药物已被证明只有联合其他治疗（如，附加癫痫治疗）时才有效，那么这部分应该明确指出这一治疗方式并交叉引用"适应证和用药"部分关于联合用药的描述。

（九）重要的给药说明

这部分应包括所有与药物安全有效使用有关的给药说明。举例如下。

●对于复杂剂型，这部分应该描述所有关于给药的重要说明（如，对于缓释片——请勿碾碎药片或咀嚼）。

●当有充分信息支持时，这部分可以说明如患者难以吞咽，固体口服制剂可用其他方式给药。

●对于注射制剂，这部分应该说明药物是否具有光敏性或使用前是否需要过滤，并且要明确适当的容器、过滤器和注射器 [如，玻璃、塑料、聚氯乙烯（PVC）]。

●对于肌内注射或皮下注射的药物，这部分应该表明首选注射部位（如，三角肌、臀肌、大块肌肉）。这部分还应该表明是否需要轮换注射部位，如果需要，则应描述轮换方式，具体说明注射部位注射前的准备工作以及注射过程中用到的专业设备或其他设备。

●对于静脉注射药物，这部分应明确可能的输液反应并说明如何处理（如，术前用药），并且要交叉引用标签中与此相关的更详细的信息。这部分还应该确定静脉注射时相关限制条件（例如，仅通过中央静脉给药、只可用生理盐水稀释、避免有动脉灌注风险的静脉注射方式）。

（十）配制药品的具体内容

1. 再加工药品（用药前需进行一定加工的药品）
对于再加工产品，这部分必须包含以下信息，这些信息对于药物剂量选择和给药方案制定具有一定的必要性（§201.57（c）（3）（iv））。

●对药品稀释、制备提供指导，如果需要，还需为给药剂型作出说明。

●以每毫升溶液含有活性成分的毫克数来计算最终剂量溶液的浓度（除非另有更合适的浓度计量方法）。

●保持药物或再加工产品稳定性所需的储存条件。

这部分还应该确定具体的储存期限，以确保在合适的储存条件下，再加工产品在此期限内具有稳定性和无菌性（如适用）。

2. 其他配制药品

对于在给药前需要做一些准备（非再加工）的药品（如，需被吸至注射器中存储供后续使用的药品，冷冻药品在使用前必须加热到室温），这部分应该说明合适的处理方式以及确保药品稳定性和无菌性的相关措施，并说明给药程序。

（十一）注射制剂的具体内容

对于注射制剂，这部分必须包含以下信息，这些信息对于药物剂量选择和给药方案制定具有一定的必要性（§201.57(c)(3)(iv)）。

●注射速率（通常以每单位时间的毫克数或毫升数计算）或注射时间。

●关于药物与稀释剂相容性或不相容的重要信息。

●声明以下内容：

"只要条件允许，注射制剂在给药前应随时目视检查溶液是否有悬浮粒子或变色。"

如果注射制剂在给药前必须再加工，在"二、（十）1."部分中要求的信息也应该纳入此部分中（§201.57（c）（3）（iv））。

（十二）放射性产品的具体内容

对于放射性药品，这部分必须包含关于用药患者和备药或给药人员的剂量学信息（§201.57（c）（3）（iii））。

（十三）药物分发限制

这部分应简要概述此药物分发或开处方时重要的注意事项或条件限制。例如，如果某药物必须在医院给药，或受到风险评估和风险规避策略限制（《联邦食品药品和化妆品法案》的505-1部分），这部分应该说明与剂量和给药相关所有信息并交叉引用标签其他部分与此相关的更详细的描述。

三、剂量和给药部分的格式

指南的这部分描述了"剂量和给药"部分内容的格式和组织方式。剂量和给药信息的类型和数量因药物不同而不同。因此，应针对不同的药物，形成一系列不同的信息表述组织框架，从而能够更有效准确地传达信息。

（一）关于药物安全剂量和安全给药的必要信息

在特殊情况下，某些剂量相关信息可能对医护人员来说十分重要，以至于将这些剂量信息放在了基本剂量信息之前（一般情况下基本剂量信息是放在"剂量和给药"部分开头的）。当患者不了解此信息或者不遵照建议执行会造成严重后果时，这些剂量信息才放在基本剂量信息之前。以下为必须放在基本剂量信息之前的关键剂量信息或建议类型示例。

●如果给药途径错误可能带来混乱或严重的安全性问题，此时给药途径应列在基本剂量信息之前（如，仅局部使用或仅供静脉注射使用）。

●在治疗初期需要住院或密切监测生命体征（如，持续心电图监测）。

●有关静脉注射的重要信息，如给药前稀释、缓慢注射或避免使用 PVC 容器或给药装置。

●为避免或减缓危及生命的不良反应而要求的术前用药。

●当处理不当时，对患者或其他可能接触到该药的人可能会产生严重后果，此时对于剂型的特殊处理应放在基本剂量信息之前。

●具有生殖毒性的药物在使用前需要测试以排除怀孕。

●严格限制的配药方式。

其他应放在"剂量和给药"部分最开始部分的关键信息或建议可以交叉引用标签中其他部分与此相关的更详细的信息。

（二）基本剂量信息

一般而言，"剂量和给药"部分的开头应首先描述适用于主要目标人群的基本剂量信息（以上第"三、（一）"部分描述的情况不适用于此点）。这些信息可以以文本或表格或其他格式表述，旨在使信息清晰易懂。基本的剂量信息应包括以下某种程度上与药物相关的信息类型，也可包含其他信息（参见第"二、（一）"部分）：

●推荐的起始剂量（如果此剂量不同于一般的推荐剂量）；

●通常的推荐剂量和给药方案；

●减量方案；

●当需要限制用药时程时，要给出用药时程；

●剂量范围；

●给药途径；

●输液时长（或速率），如适用；

●用药剂量的上限（超过此上限时会对安全性和有效性产生影响）。

（三）药物剂量和给药的其他相关信息

基本剂量信息后面应描述本指南第"二、"部分规定的与此药剂量和给药相关的其他信息。不同信息描述的先后顺序应该能够反映不同信息在用药安全性和有效性上的相对重要性。例如，如果药物的用药剂量与食物摄入情况有关（如，饭后、空腹）且对用药安全性或有效性非常重要，则该信息在基本剂量信息陈述完后应首先进行描述。如有必要，在适当的地方应该使用描述性的副标题，使读者更容易理解这些相关信息（如，儿科患者的剂量、肝损伤患者的剂量、术前用药方案、注射说明等副标题）。

（四）有多种适应证的药物

对于具有多个适应证的药物，在"剂量和给药"部分应该清楚地说明哪些信息适用于一般症状，哪些信息只适用于特定的适应证。

通常情况下，针对特定适应证的剂量信息应该以标明序号的小标题形式描述，小标题的编号应与"适应证和用法"中的十进制编号序列一致（例如，如果在 1.适应证和用法（INDICATIONS

AND USAGE）的 1.1 节中描述了某适应证，那么应在 2. 剂量和给药 的 2.1 节中描述这个适应证的剂量信息）。然而，如果某药物有多个适应证，但是每个适应证的剂量和给药信息都相同，则不必按照适应证逐一描述，而是以一整段的形式对剂量和给药信息进行描述。

针对某具体适应证的剂量信息描述结束后（如果有），紧接着应该描述本指南第"二、"部分要求的其他适用于所有适应证的剂量和给药信息。这些信息应按照第"三、（三）"部分中的要求进行描述。如果某些信息适用于多个适应证但不是全部适应证，为了节省空间，这些信息可以仅描述一次，不必在每个适应证下进行重复描述。此种情况下应注意说明该信息适用于哪些适应证。

四、剂量和给药部分包含标签其他部分信息的情况

当药物的某些信息在标签不同部分均需要描述时，则这些信息应该在不同部分均应该描述，但不同部分详细程度可不同。例如，在"警告和预防措施"（WARNINGS AND PRECAUTIONS），"药物间相互作用"（DRUG INTERACTIONS），"特定人群用药"（USE IN SPECIFIC POPULATIONS）以及其他部分中，可能会对在特定情况下改变一般用药剂量或者给药时采取额外的预防措施提出建议，因此在"剂量和给药"部分应据此进行相关的描述。同样，"剂量和给药"部分中的信息也可能是"患者咨询信息"（PATIENT COUNSELING INFORMATION）部分中提出建议的基础。

一般来说，与标签中某一部分相关性最大的信息，在这部分应该进行最详细的描述，其他部分对此信息只需简单描述其与之相关的方面。以下给出了一些基本原则和实例，以帮助申请人决定何

时在"剂量和给药"部分引用标签其他部分的信息。

●通常，只有当标签其他部分的信息对药物给药、剂量有实际意义时，此信息才应在"剂量和给药"部分进行描述。可能纳入"剂量和给药"部分的信息或建议如下：

——在某些情况下减少常规剂量；
——避免在服药期间同服另一种药物；
——改变给药时间来减轻可能的药物间相互作用；
——用药时采取特殊的预防措施（如，由于外渗导致的严重后果）。

●在"剂量和给药"部分中描述的其他部分的信息仅限于那些影响剂量和给药的信息。

●在"剂量和给药"部分的信息应该交叉引用标签其他部分更详细的描述。

例如，如果药物的相互作有明显的特征，导致相互作用的两药物同时给药时必须改变剂量，那么在"剂量和给药"部分应该对此相互作用进行描述。描述的内容一般仅限于对剂量改变的建议，不需对相互作用的机制、研究的结果等其他内容进行详细的说明，因为这些内容已在"药物的相互作用"（DRUG INTERACTIONS）或"临床药理学"（CLINICAL PHARMACOLOGY）部分有所提及。相反，如果怀疑药物的相互作用可能是基于共享代谢途径，但没有充分的信息来支持剂量调整的具体建议，通常不将此相互作用纳入"剂量和给药"部分中去。

在特殊情况下，应适当说明此药物对剂量或给药没有影响。例如，

应在"剂量和给药"部分中说明，相比其他同类药品，此药品对
剂量和给药没有影响。

第七节｜**人用处方药和生物制品标签中警告和注意事项，禁忌证以及黑框警告部分——内容与格式**

Warnings and Precautions, Contraindications, and Boxed Warning Sections of Labeling for Human Prescription Drug and Biological Products——Content and Format

一、简介

本指南旨在协助申请人和审评人员起草有关警告和注意事项、禁忌症和黑框警告部分的标签，在最终规则中描述了关于修订人用处方药物和生物制品的标签内容和格式要求（21 CFR 201.56 and 201.57）。本指南中的建议旨在帮助确保标签清晰、实用、可知、并尽可能保持内容与格式的一致。

本指南提供了以下建议。

●如何判定哪些不良反应或潜在的安全隐患值得被列入警告和注意事项部分；描述这些不良反应时应包括哪些信息；以及如何安排警告和注意事项部分的内容。

●如何判定哪些情况值得列为禁忌证；在使用的产品有禁忌证的情况下，应提供哪些信息；以及如何安排禁忌证部分的内容。

●如何判定哪些时候要被列入黑框警告；以及在黑框警告部分应包含哪些信息。

二、警告和注意事项部分（§ 201.57（c）（6））

（一）被列入警告和注意事项部分的不良反应

警告和注意事项部分旨在确定和描述一些离散的不良反应和其他严重的或临床表现显著的潜在安全隐患，因为它们会对处方决策或患者管理有影响。包含在这一部分里的不良反应事件，应该有合理证据说明药物与不良事件之间的因果关联，但因果关系不需要被明确规定。

在评估是否有因果关系的合理证据时，应考虑以下因素：①报告的频率；②药物治疗组中的不良事件比率是否超过对照试验中安慰剂的比率和活性对照组中控制试验的比率；③剂量 - 效果关系的证据；④不良事件与药物药理学的一致程度；⑤药物管理与不良事件之间的时间关联；⑥去激发试验和再激发试验经验的存在性；⑦不良事件是否由已知的相关药物引起。

1. 严重不良反应

任何导致以下后果的不良反应应被视为严重不良反应，应包括警告和注意事项的部分：

●死亡；
●危及生命的不良反应事件；

●住院治疗或延长住院时间；
●持久或明显丧失行为能力或对正常生活功能造成实质性破坏；
●先天性异常或出生缺陷。

可能不会导致死亡、危及生命或被认为是严重的可能需要住院治疗的重要医学事件，根据适当的医疗判断，他们可能危及患者，并且可能需要医学或外科手术治疗，来避免上述所列结果定义为严重不良反应（§§ 312.32（a）and 314.80（a））。

2. 其他临床显著不良反应

不符合严重不良反应的定义，但有其他临床显著反应，因为这些反应会影响处方决策或患者管理，也应包括在警告和注意事项部分。在判断不良反应是否属于临床显著（不良反应），可以（参考）以下因素。

●适应证

应考虑疾病或病情的相对严重程度。例如，药物用于治疗未成年人时产生的非严重不良反应（如：恶心、瘙痒、脱发）、自身限制情况（例如，过敏性鼻炎，化妆品的条件，短暂性失眠），可能会被认为是临床显著（不良反应）。而那些用于治疗严重或危及生命情况（如，癌症）的药物，所产生的相同的不良反应，则可能被认为不太具有显著的临床意义，不适合列入这一部分。

●发病率

不良反应的绝对高风险或发生率，可以成为判断是否将其包括在本节中的一个因素。

下列是临床显著不良反应的类型。

● 除非调整剂量或治疗方案，否则可能会导致潜在严重后果的不良反应，停用该药物，或用另一种药物给药以防止严重后果的发生。

● 可以通过选择适合的患者、实时监测或是避免合并用药来被预防或控制的不良反应，而对不良反应的预防或控制需要避免潜在的严重后果。

● 可以显著影响患者依从性的不良反应，特别是当（患者）不依从时会有潜在的严重后果。

3. 预期不良反应

在一些情况下，尽管药物的不良反应尚未被监测到，但是预计会发生。警告和注意事项部分应包括药物预期会发生的严重或是临床显著的不良反应（如第"二、（一）"部分所述）：

● 由于药理学、化学或药物种类等原因可能引起的药物不良反应（例如，一个大的 QT 间期延长作用的药物将有可能甚至引起尖端扭转性心律失常，即使还没有发生过这样的案例）。

● 动物数据引起了不良反应发生在人类身上的潜在可能性的极大关注（例如，动物数据表明，药物有致畸作用）。

一般，对于重要的处方，标签应当说明目前对于主药没有监测到，但预计可能发生的不良反应。

4. 与未经批准使用有关的不良反应

如果药物是疾病或病症的常用处方，而且这种用法会与临床显著危险或危害（§ 201.57（c）（6）（i））相关，FDA 可能要求在警告和注意事项部分中对未经批准使用有关的不良反应进行讨论。该描述应包括一份声明，表明使用方法未经 FDA 批准时，该药物的安全性和有效性是尚未被确立的。

（二）应该在警告和注意事项部分中含有的风险或其他危害

1. 实验室测试干扰

警告和注意事项部分必须简要说明任何已知药物对实验室测试的干扰信息（§ 201.57（c）（6）（iv））。实验室测试的干扰意味着实验室测试结果是不准确的，因为药物会干扰检测（例如，一个假阳性或阴性的试验结果不能准确地反映被分析物的数量、被分析物是否存在或不存在）。它不是测试结果的准确情况，由于药物或它的代谢产物会产生生理影响使得测试结果超出正常范围。

只有临床显著干扰才应该包括在内。如果依赖错误的测试结果，实验室测试干扰将被认为是临床显著的，且会影响临床决策（例如，假阳性隐血试验）。

2. 药物相互作用

警告和注意事项部分应简要描述任何已知或预测的有严重或其他临床显著后果的药物相互作用，并交叉引用标签任何其他地方更详细的信息（例如，剂量和给药、药物相互作用或临床药理学部分）。

3. 监测评估安全的必要性

警告和注意事项部分必须确定任何对于识别可能的不良反应是有帮助的或必要的实验室测试（§ 201.57（c）（6）（iii）），或防止一些严重不良反应的发生。若可以，还应提供有关测试的频率、正常值和异常值预期范围的信息。

一般情况下，警告和注意事项部分会包含监测评估安全性信息，在剂量和给药部分中会包含监测评估效果信息。然而在某些案例中，监测安全性和有效性可能无法明确区分（例如，接受心律失常药物的患者在进行心脏监测时，需同时评估安全性和有效性，或者接受华法林药物的患者在进行 INR 测试时，需同时评估安全性和有效性），会使得部分"警告和注意事项"和"剂量和给药"的信息重叠。FDA 最终指南剂量和给药章节本章第七节中的第"二、"中（二）、（三）、（四）部分（人用处方药和生物制品标签中的剂量和给药部分 – 内容与格式）要求，剂量和给药部分的标签应同时包含评估有效性和安全性监测的信息，尤其是这种监测如何具体影响药物的剂量（例如，滴定剂量、改变剂量或中断治疗）。

（三）提供不良反应的描述信息

应对警告和注意事项部分中包含的每个主题进行简要描述。该描述应该交叉引用标签中任何关于其他风险详细讨论的内容（如不良反应、药物相互作用、特殊人群使用、临床研究）。说明书应限于以下信息，且信息应仅在已知并对临床决策重要时才包括。

● 不良反应和后果的简要说明（例如，反应何时发生，持续治疗反应是否随时间消退，解决问题的时间，重大后遗症）。

●风险或不良反应率的数值估计。

●不良反应的已知风险因素（如年龄、性别、种族、遗传多态性、并发症、剂量、使用时间、合用药物）。

●采取措施以减少不良反应的可能性，缩短持续时间，或降低其严重程度。这些措施可以包括，例如，使用前的必要评估，调整滴定和其他方法的剂量，监控剂量调整间期或延长使用时间，避免其他药物或物质，或者在并发症期间进行特殊看护（例如，脱水、感染）。

●如何治疗或控制已经发生的不良反应。

所提供的信息和建议应合理，在适当情况下，传达关于判断或结论可能存在的任何不确定性（例如，关于因果关系的评估，预计不良反应发生率，并给出监测值）。

应避免含糊不清，模棱两可的信息（例如，谨慎使用）。相反，应当给出具体的治疗或控制策略（例如，考虑低剂量或高频监测）。通常涉及禁忌证的术语（例如，"不使用"或"不应使用 X 药物"）不应出现在警告和注意事项部分。

（四）格式

1. 独立小节
包含在警告和注意事项部分的各不良反应、症状或常见病组反应（例如，过敏性接触皮炎，斑丘疹药疹）应该有自己的小节编号。该小节标题应准确地描述风险（例如，5.1 血栓栓塞性疾病，5.2

周围神经病变）。必要时，可以使用格式化技术将子部分中的信息组织在无编号的子标题下，诸如对于副标题使用下划线或斜体。例如，某标题为"5.1 血栓栓塞性疾病"的小节内容，可以包括副标题"深静脉血栓形成"和"血栓性中风"（而不是"5.1.1 深静脉血栓形成"和"5.1.2 血栓性中风"）。避免使用对表明小节内容无意义的小标题（例如，通常）。

2. 不良反应级数

警告和注意事项部分中出现的不良反应级数应该反映其相关的临床意义。要考虑的因素包括不良反应的相对严重性，防止或减轻不良反应的能力和其发生的可能性。

3. 交叉引用

当关于不良反应的更多详细信息包含在另一个标签部分的时候，警告和注意事项部分应交叉引用该部分（例如，不良反应、药物相互作用、临床药理），而不是重复相同的信息。尽可能避免多余的标签，而改为交叉引用。

4. 文本强调

粗体文本或其他强调手法可用于突出特定的不良反应或特定不良反应的讨论部分（例如，避免问题出现所采取的步骤，有特定风险的亚群）。应谨慎使用强调，以使其效果不会被减弱。因此，在警告和注意事项部分的所有文本不应该被加粗；相反，加粗应仅限于一个或两个句子。考虑需要强调的信息是否应该上升到黑框警告的级别（见"四、"黑框警告部分）。

三、禁忌证部分（§ 201.57（c）（5））

（一）禁忌条件

只有在那些使用风险明显大于任何可能治疗效果的临床情况下，药物才会被禁用。只知道危害，但没有理论上的可能性，可以是禁忌证的基础。如果有一种药物没有已知的禁忌证，这部分必须注明"无"。

1. 监测到的不良反应

对于已监测到的不良反应，以下通常是被列为禁忌药品的原因。

●临床条件下用于禁忌证的不良反应风险，同时基于可能性大小和不良反应的严重程度，远远超过对于任何患者的潜在好处。

●暴露于药物和不良反应之间的因果关系已被确立。

2. 预期的不良反应

当药物在特定临床条件下使用，预计会发生不良反应，这种情况可以作为禁忌证的基础。

预期的不良反应可从"理论上的可能性"进行辨别。预期的不良反应是有数据支持的（例如，从已知的药理作用、疗效类型或其他已知会引起反应药物的化学关系、动物研究），且可以考虑列入禁忌证部分。完全根据理论而没有数据支持的不良反应不适合包括在禁忌证部分。

通常，如果一个药物对禁忌证有可预见性的不良反应，不论是相近的，还是明确的不良反应，只要是不良反应大于对患者的益处，那么该药物就应该被限制使用。

● 基于已知的药理学、化学或药物分类，药物很可能会引起不良反应。

● 动物数据引起了不良反应发生在人类身上的潜在可能性的极大关注（例如，动物数据表明药物有致畸作用）

标签应当说明还没有被监测到，但预计会发生的不良反应。

以下列明了禁忌证可能适用的临床情况。

● 用于并发症或共同生理状态（例如，现有的肝脏疾病、肾脏疾病，先天性长 QT 综合征、低钾血症、妊娠或生育能力、CYP 2D6 弱代谢）。

● 用于人口风险因素存在的情况，如年龄、性别或其他因素（例如，禁用于有生殖潜力的女性，在一定年龄以下的儿童）。

● 用于限定的患者（例如，有轻微疾病的人），由于药物的风险使得药物不应该用于较大范围人群。

● 用于联合用药危险的情况（例如, MAO 抑制剂与三环抗抑郁药；已知延长 QT 间期的药物与已知干扰代谢的药物）。

● 用于过敏体质患者使用有严重过敏反应药物的情况。
在产品被证明有过敏反应或者该反应可以从类似药物的数据中预期，则标签中应包含过敏体质患者的禁忌证（例如，那些相同药理作用类型或具有相似的化学结构，或者一类公认的的交叉过敏现象）。当患者使用这种药物产生（过敏）反应的风险远超其潜在益处（即，临床上一种药物或相似药物对于有过敏反应病史的患者不适用），则禁忌证里应包含这样的患者。在禁忌证内容中，标签应简要描述类型和所观察到（或预期）的反应（或多个反应）的性质，并酌情交叉引用标签中其他地方更详细的讨论。

例如：

药物 X 对于有过敏反应病史的患者是禁忌（活性成分）。反应包括过敏性休克和过敏性反应 [见不良反应（6.2）]。

如果没有观察到上述过敏反应，或者基于药物特性不会发生，则禁忌证不含过敏反应。

基于与药物相互作用而产生严重后果的禁忌证应在禁忌证部分作简要说明，并交叉引用在药物相互作用和临床药理学部分中更详细的信息。

（二）信息提供

禁忌证应用词准确，如"药物 X 被禁止用于有病情 Y"的患者（而不是"药物 X 不应该使用在有病情 Y 的患者"）。如果药物有多种禁忌证，使用介绍性语句（例如，"药物 X 禁用于"），并用项目符号列表标识每一个禁忌证。

对列出的每个禁忌证，应提供以下信息：

● 简要说明禁忌症状或情况，包括任何相关的人口或可识别的诱发特征；

● 描述禁忌使用后已监测到的或预期的后果。

（三）格式

1. 项目符号列表
如果药物有多种禁忌证，FDA 建议每个禁忌证用一个项目符号列表标识。

2. 禁忌证的顺序
禁忌证的排列顺序应该反映所列出禁忌证的临床意义。考虑的因素包括危害的严重程度和发生的可能性。

四、黑框警告（§ 201.57（c）（1））

（一）何时使用黑框警告
黑框警告通常用以突出以下处方情形。

● 与药物潜在益处成比例的严重不良反应（例如，一个致命的、危及生命或永久致残的不良反应），在评估使用该药的风险和益处时是必须被考虑的。

● 当正确使用药物时，药物的严重不良反应可以被防止或减少发生频率或降低严重程度（例如，患者选择、仔细监测、避免某些确定的禁忌证治疗、加入其他药物或以特定的方式管理患者、避免在特殊临床情况下使用）。

● FDA 批准限制该药物（的使用），以确保使用安全，因为 FDA 认为该药物只有在流通或使用受到限制时才能被安全使用（例如，在 21 CFR 314.520 和 601.42 "限制审批以保证安全使用"，或在 505-1（f）（3）的《联邦食品药品和化妆品法》"风险评估和降低策略"的条件下以确保安全使用）。

黑框警告偶尔也可以用于其他情况以突出警告信息，尤其是处方中的重要信息（例如，在某些患者人群中疗效减弱）。因此对列入警告和注意事项以及禁忌证部分的信息进行评估，以确定它是否值得列入黑框警告。

黑框警告最有可能基于已检测到的的严重不良反应，但基于预期不良反应的黑框警告也是可以的。

例如，因在药理学上对孕期有严重的发育毒性风险，而禁用于人类或动物孕期的一类药物，所有该类药物（具有此药理学特性）都应列入黑框警告，即使其中一些药物的不良反应还没有被监测到。

在一类相同药物中具有独特风险利益的药物，也可考虑列入黑框警告（如，注意，当药物是其类别中唯一具有特定风险的药物，并且由于该风险被指示为二线治疗时）。

（二）信息提供

黑框警告为处方医生提供了关键信息的简要概述，包括任何流通和使用的限制。通常在标签的其他部分有对风险更详细的讨论（例如，在禁忌证或警告和注意事项部分），必须通过交叉引用来识别（§201.57（c）（1））。

（三）格式

黑框警告部分中完整的处方信息必须符合§201.57（D）的格式要求。黑框警告中的信息应以粗体字打印，并用项目符号格式或其他格式表示，如使用小标题，有利于信息的直观显示。

第八节 | 人用处方药和生物制品标签中患者咨询信息部分——内容和格式

Patient Counseling Information Section of Labeling for Human Prescription Drug and Biological Products —Content and Format

一、简介

本指南旨在帮助申请者按照 §201.57（c）（18）（21 CFR 201.57（c）（18）中的要求设计患者咨询信息部分的标签。本指南中的建议旨在帮助确保该部分内容的标签清晰、实用、可知，并尽可能保持内容与格式的一致。

本指南旨在从以下内容帮助申请者：

● 如何确定哪些主题可以包含在患者咨询信息部分中；
● 如何在患者咨询信息部分中表述信息；
● 如何组织患者咨询信息部分。

二、背景

2006 年 1 月 24 日，FDA 颁布了关于修订人用处方药和生物制品标签内容和形式的最终法规（通常被称为医师标签规范（PLR））。本法规提出了对患者咨询信息部分标签的新要求（ § 201.57（c）（18））。患者咨询信息部分总结了健康护理提供者应当向正在进行咨询讨论的患者（或适当的护理人员）所传达的信息（例如在办公室访问时向正在开处方的医师，在医院向提供出院指导的护士，在药房向传达信息的药剂师）。根据 § 201.57（c）（18），患者咨询信息部分必须包括以下内容：

● 患者安全有效用药的必要信息；

● 如果可以，参考 FDA 已批准的标签；这类患者标签的全部内容必须在完整的处方信息（FPI）后立即重印，或者，作为处方信息的补充。

在 FDA 颁布最终法规之前，标签规范要求任何有关患者安全有效用药的信息都要（包含）在患者信息项下，它是旧格式标签中用药前注意事项的一部分。通过对这种 PLR 格式信息专用部分的要求，FDA 意识到医护人员对患者咨询的重要性。随着 21 CFR 201.56（c）的实施，旧格式标签转换为 PLR 格式，未包含患者信息部分的标签申请需补充患者咨询信息部分，除非 § 201.56（d）（4）（21 CFR 201.56（d）（4））中明确指出不适用或可省略（见指南第"三、"部分）

由于患者咨询信息部分的法规要求叙述宽泛，并且医师标签规范格式中已呈现出许多不同的表述，本指南探索：①为如何选择应包含的信息提供建议；（2）使患者咨询信息部分的内容和格式更加一致。

三、内容

患者咨询信息部分是供医护人员使用的，以确定与患者进行咨询讨论的主题。因此，患者咨询信息部分中的内容和表述通常与FDA批准的患者标签的信息不同（如，患者信息插页、用药指南和使用说明）。患者咨询信息部分应包含提供者要传达给患者关于如何安全有效使用药物的最重要信息。因此，所有出现在患者咨询信息部分的主题通常都应包含在FDA批准的患者标签中。患者咨询信息部分中的信息和任何FDA批准的患者标签，以及提供者－患者对话，是安全有效使用处方药的重要补充和组成部分。

患者咨询信息部分的目的是确定在作出处方决定后，医护人员和患者之间进行咨询讨论的主题。标签中的其他部分包含处方者用于充分评估药物对个体患者风险和益处的详细信息。

根据§201.57，所有标签都需要患者咨询信息部分，包括住院用药或其他医疗保健场所用药，如诊所或医生的办公室。在极少数情况下，按照§201.56（d）（4）要求，如果其包含明显不适用（例如标准静脉输液标签），则可以省略该部分。

关于患者咨询信息部分内容的要求和建议见下文（一）至（三）。

（一）参考FDA批准的患者标签

按照§201.57（c）（18）要求，如果产品有FDA批准的患者标签（如，患者信息插页、用药指南和使用说明），此类标签必须在患者咨询信息部分中提及。引用患者标签来提醒医护人员存在经批准的患者标签，并应指导他们建议患者去阅读这样的标签。

参考语句应首先出现在患者咨询信息部分，并确定 FDA 批准的患者标签类型。参考语句的建议语言包括：

● 建议患者阅读 FDA 批准的患者标签（患者信息）；
● 建议患者阅读 FDA 批准的患者标签（使用说明）；
● 建议患者阅读 FDA 批准的患者标签（患者信息和使用说明）；
● 建议患者阅读 FDA 批准的患者标签（用药指南）；
● 建议患者阅读 FDA 批准的患者标签（用药指南和使用说明）。

如果特定产品的咨询通常是针对护理者而不是患者，则可以相应地修改语句。

（二）咨询主题

患者咨询信息部分的内容通常集中在药物的主要风险，并在适当的情况下，患者如何减轻或控制这些风险。这部分也应该包括，在适当情况下，供应商传达的与患者有关的其他信息，如关键给药说明或特殊的存储和处理说明。此外，可能还有其他医护人员需要传达给患者的重要信息，如不会对患者构成风险的常见药物效应，因为它可能是令人担忧的或可能影响依从性（例如使用血管紧张素转换酶抑制剂而引起的咳嗽）。

并非所有在标签中讨论的风险都将包含在患者咨询信息部分，那些存在于患者咨询部分的风险通常是严重的或是临床显著的。只有那些对安全有效用药物至关重要，并适于提供者－患者讨论的关问题才应包含在内。这些（风险）通常包括应当告知患者的最重要的风险，以及那些患者可能需要采取行动的风险（如，联系处方者、立即停药或寻求紧急医疗护理）。在标签其他部分中提出的，仅提供给处方者和其他医护人员相关信息的主题，通常不应该出现在患者咨询信息部分。实例包括与适当患者选择的相关信息、实验室结果的解释说明，或者住院环境中有关正确给药的问题。

1. 信息的表述

患者咨询信息部分应该对每个主题进行总结以促进医护人员和患者之间的讨论，并且应包括适合于咨询讨论的详细程度。这一重点和详细程度通常与 FPI 中其他部分描述的相关主题或风险讨论不同。患者咨询信息部分的内容不应简单地作为药物使用的风险列表，也不应该是标签其他部分内容的整段重复。只有在极少数情况下，一个全新的、未在标签其他地方有过相关讨论的概念才会被包含在患者咨询信息部分。

与用于标签其他部分的方法一致（如黑框警告、警告和注意事项），患者咨询信息部分的内容应该按照信息的相对临床意义来排序，其中适用于患者的最重要的主题应排在第一。因此，提出的主题可能反映或不反映它们在 FPI 中第一次全部出现的顺序（即在患者咨询信息部分，警告和注意事项部分的主题可能出现在剂量和给药部分的主题之前）。

为了能给读者提供更清晰的指导，患者咨询信息部分的内容通常应使用主动语态（如"建议患者…"）而不是被动语态（如"患者应该被建议…"）。

2. 列入参考的信息类型

（1）重要的不良反应和其他风险

患者咨询信息部分总结了重要的不良反应和其他风险，并将其传达给患者。信息通常应酌情包括风险识别、对相关患者的处理建议、自我监控信息和何时联系医护人员寻求紧急帮助或停止用药的信息。举例如下。

"严重的过敏反应

如果发生任何过敏反应的迹象或症状，建议患者停用药品 X 并立即寻求医护人员的帮助（见警告和注意事项（5. X）]。"

最常见的不良反应列表不应该被包括在患者咨询信息部分。然而，如果它是用药患者易出现的最重要的不良反应之一，那么该个体的常见不良反应包括在内（如在警告和注意事项中出现）或其发生的风险对于传达给患者是重要的（如使用利福平引起的尿液变色）。

（2）禁忌证

尽管告知禁忌证对处方决策至关重要，但大多数通常都不适合在处方开出后与患者进行咨询讨论。然而，一些在开始药物治疗后出现的禁忌证可能需要纳入患者咨询信息部分（如急性感染的发展）。

（3）药物相互作用

其他药物或食物的相互作用或影响如果涉及到重要风险，则应包括在患者咨询信息部分（如在黑框警告、禁忌证、警告和注意事项部分中提及）。此外，如果患者需要联合用药，那么药物间的相互作用也应被纳入（如，与食物或非处方药或膳食补充剂之间的相互作用）。已知药物相互作用的完整列表通常不应该包括在患者咨询信息部分，因为是否联合使用两种处方药通常在处方开具时决定。

在极少数情况下，一种药物可能有多种严重的药物相互作用（如，华法林或某些抗逆转录病毒药物），则需要在患者咨询信息部分提供概括性建议来告知患者总体风险。交叉引用会指导医护人员去了解标签其他部分中更详细的讨论。

（4）儿科患者、孕期、哺乳期用药信息

与药物相互作用所采用的方法一致，如果该信息涉及到重要的风险问题，那么儿科患者、孕期或哺乳期患者用药风险讨论应该纳入患者咨询信息部分（如在黑框警告、禁忌症、警告和注意事项部分中提及）。如果药物没有这样的风险，则儿科患者、孕期或哺乳期患者用药的一般建议（如，"如果女性患者怀孕或计划怀孕建议其告知处方医生"）不应包含在患者咨询信息部分（见第"三、（三）"部分，不包含的信息）。

此外，如果在特殊人群使用部分的孕期小节中提到了怀孕风险注册表，那么该表的可用性应该包括在患者咨询信息部分，并交叉引用在孕期小节可找到的所需注册联系信息。

（5）剂型和给药信息

有关药物剂型和正确给药的详细信息通常应包括在剂量和给药部分，而患者咨询信息部分应该总结与咨询交流相关的最重要的内容。举例如下。

"二次申请的重要性

告知患者药物 X 再次申请对于消除首剂效应是必要的 [见剂量和给药（2. x）]。"

一般来说，患者咨询信息部分不应包括患者自主用药的典型给药方案信息（如，说明书要求每 12 小时服用 30mg/ 片的药物一片）。然而，如果有安全有效用药所需要遵循的具体给药说明，则应简要总结（患者）如何自主用药的相关建议。具体信息可以包括高脂肪餐用药说明，或非典型给药方案（如泼尼松锥形剂量给药）。举例如下。

"给药说明

建议患者完整吞服药物胶囊，不要打开、咀嚼或者粉碎胶囊。告知患者药物 X 胶囊壳不被吸收，并可能在粪便中可见。"

如果某产品具有 FDA 批准的包含自主用药的患者标签（如使用说明），那么详细内容不应在患者咨询信息部分逐字重复。出现在患者咨询信息开始部分的参考语句应指导医护人员去建议患者阅读 FDA 批准的患者标签。

对于自主给药的注射剂，正确处理注射器的相关信息通常会被包含在 FDA 批准的使用说明中。患者咨询信息部分应该包括一个指导医护人员建议患者遵守注射器处理建议的声明，但不应该总结或重复使用说明中的信息。

（6）作为风险评估和降低策略（REMS）计划内的限制性销售产品

目前包括限制性销售在内的 REMS 计划的引用，应该被纳入在患者咨询信息部分，并只对那些直接影响患者的部分进行简要描述。（如要求加入计划或只有从加入计划的药房才能买到的药物）。如果没有直接影响患者的限制性成分，那么有关 REMS 的信息不应该出现在患者咨询信息部分。

（7）关于存储和处理的说明

在极少数情况下，可能有重要的，适于医护人员和患者交流讨论的非典型存储或处理信息应该被包括在患者咨询信息部分。举例如下。

"处理说明

建议怀孕患者不要服用被破坏或粉碎的药物 X 片剂，因为可能对男性胎儿造成伤害 [见警告和注意事项（5. x）]。"

与剂量和给药说明一样，相同的主题也可在患者咨询信息部分、如何供应 / 储存和处理部分以及 FDA 批准的患者标签中进行讨论，但讨论的焦点应该反映信息所在标签部分的意图。

（8）附加要求

基于产品疗效或药物类型，某些产品对患者咨询信息部分有额外的特定要求（如 21 CFR 201.24（d）中对系统性抗菌药物的要求）。

（三）不包含的信息
不是所有与用药相关的信息都应被纳入患者咨询信息部分。患者咨询信息部分旨在促进医护人员和患者之间的交流讨论，但并不作为医护人员的文本。

通常不应该被包括在患者咨询信息部分的内容举例如下。

● 药物使用或适应证。

● 缺乏上下文（任何被视为医护人员 – 患者讨论内容的标准组成部分）的一般性建议（如"讨论药物 X 的风险和益处"）。

● 可以适用于任何药物的一般性建议（如，"请患者注意勿让儿童接触药物 X"），除非特别适用于该产品（如，需要使阿片类药物远离儿童或宠物）。

● 通知处方决策的信息（如，"有血栓栓塞病史的患者禁用药物 X"）。

● 日常给药或存储和处理的信息通常在配药时传达给患者（如口服悬浊液需要在使用前振摇或将其储存于冰箱）。

● 不需要向医护人员解释的医学术语的定义或描述（如神经阻滞剂恶性综合征的体征和症状列表，使用抗精神病药物潜在的严重不良反应）。

● 图片（如关于给药的插图或图片）。

四、格式

患者咨询信息部分适用的格式遵照 §§201.56（d）和 201.57（d）的要求。其他建议见下文（一）到（三）。

（一）副标题

参考 FDA 批准的患者标签，患者咨询信息部分的内容应采用一致的格式，以提高其可读性和实用性。建议在患者咨询信息部分使用副标题来组织和区分主题，因为这样能使读者快速识别主要概念。副标题应明确指出每个讨论的重点（如急性肝衰竭肝而不是简单的肝病），并且建议各个副标题格式一致（例如：加下划线或用斜体字）。

每个主题的内容通常以一个或两个短句来表述，所以通常不需要也不建议使用小节编号（如 17.1，17.2）。此外，小节编号可能引起患者咨询信息部分和内容（§201.57（b））中不必要的长度和混乱，并且可能与标签中其他地方的子标题重复（如警告和注意事项部分）。

（二）交叉引用

由于患者咨询信息部分的内容通常总结了标签其他地方的信息，交叉引用应该用于指引读者阅读更详细的讨论。然而，如果标签其他部分中相关主题的讨论不包含超出患者咨询信息部分的内容，则不需要交叉引用。

（三）附加 FDA 批准的患者标签

如果 FDA 批准的患者标签紧随 FPI（全部处方信息）之后，FDA 批准的患者标签不应该分配小节编号，而应用其他格式手段（如水平线或分页符）从 FPI 中区分出来。

本书缩略语表

A

ACC/AHA：American Heart Association/American College of Cardiology
美国心脏病 / 美国心脏协会

ACIP：Advisory Committee on Immunization Practices 免疫接种咨询委员会

AE：Adverse effect 不良事件

AMH：Assistant Minister of Health 卫生部助理部长

B

BLA：Biologics License Application［美］生物制品上市许可申请

BLS：BLA 补充

BMI：body mass index 身体质量指数

BPCA：The Best Pharmaceuticala for ChildrenAct［美］儿童最佳药品法案

BPCI：Price Competition and Innovation Act for Biological Products
生物制品价格竞争和创新法案

BPR：Batch Process Record 批生产记录

C

CBER：Center for Biologics Evaluation and Reserch
［美］生物制品审评与研究中心

CDC：Centers for Disease Control［美］疾病预防控制中心

CDER：Center for Drug Evaluation and Reserch［美］药品审评和研究中心

CDR：complementarity-determining region 互补决定区

CDRH：Center for Devices and Radiological Health
［美］医疗器械与放射健康中心

CFR：Code ofFederal Regulation［美］《联邦法规汇编》

cGMP：Current Good Manufacture Practices 现行生产质量管理规范

CGT：Cell and gene therapy 细胞和基因治疗

CHMP：Committees for Human Medicinal Products

［欧］人用医药产品委员会

CI：Confidence interval 置信区间

CMC：Chemistry，Manufacturing and Controls 化学、生产和控制

D

DHSS：Department of Health and Social Service［英］卫生和社会事务部

DLT：dose-limiting toxicities 剂量限制性毒性

DMF：Drug Master File 药物主控文件

E

EA：Environmental Assessment 环境评估

EKG：Electrocardiogram 心电图

ELISA：Enzyme-Linked Immunosorbent Assay 竞争酶联免疫吸附测定试验

EMA：European Medicines Agency［欧］欧洲医药产品局

EPC：End of Production Cells 最终生产细胞

EU：EuropeanUnion 欧盟

F

FDA：Food and Drug Administration［美］食品药品管理局

FDAMA：Food and Drug Administration Modernization Act

［美］食品药品管理局现代化法案

FDCA：Food, Drug, and Cocmetic Act［美］联邦食品药品和化妆品法案

FR：framework region 抗体构架区

G

GC：Gas chromatography 气相色谱法

GMT：Geometric mean titer 几何平均滴度／效价

H

HA：Hemagglutinin 血凝素

HI：Hemagglutination inhibits antibodies 血凝抑制抗体

HLA：Human leukocyte antigen 人类白细胞抗原分型

HPLC：High performance liquid chromatography 高效液相色谱法

HRSA：Health Resources and Services Authority 卫生资源和服务管理局

HVAC：Air Conditioning System 空调系统

HYPO 分值：Hypoglycemic score 降糖分值

I

IDE：Research instrument exemption 研究性器械豁免

IMGT：International Immunogenetics Information System
国际免疫遗传学信息系统

IND：New drug research application 新药临床研究申请

IRBS：Institutional Review Board 机构审查委员会

L

LC：Liquid chromatography 液相色谱法

M

MAP ： Multiple Antigen Peptide 多聚抗原肽

MCB ： Main cell library 主细胞库

MMWR ： Morbidity and mortality weekly 发病率和死亡率周报

MTD ： Maximum tolerance dose 最大耐受量

N

NA ： Neuraminidase 神经氨酸酶

NCVIA ： National Child Vaccine Injury Act 国家儿童疫苗伤害法案

O

OBRR ： office of Blood Research and Review Service 血液研究和审查处

OCTGT ： Organization and Gene Therapy Office 组织和基因治疗办公室

P

PHSA ： Public Health Service Act《公共健康服务法案》

PREA ： Pediatric Research Equity Act / Pediatric Research Equality Act 儿科研究权益法案 / 儿科研究平等法

R

RAST ： Radiation Allergen Adsorption Test 放射过敏原吸附试验

RCDAD ： 传染性疾病的病原体或疾病

RP ： Relative potency 相对效价

RPMB ： Regulatory Project Management Office 监管项目管理处

S

SDS-PAGE：Polyacrylamide gel electrophoresis 聚丙烯酰胺凝胶电泳

SOP：Standard operating procedures 标准操作程序

SPA：Special assessment agreement 特殊方案评估

SPECT：Single photon emission computed tomography scanning
单光子发射计算机断层显像扫描

STEMI：ST segment elevation myocardial infarctionST 段抬高心肌梗死

T

TNC：Number of nucleus cells 总核细胞数

U

USAN：United States Adopted Names 美国选定药名

V

VAERS：Vaccine adverse event reporting system 疫苗不良事件报告系统

VIT：Vaccine injury table 疫苗伤害表

W

WCB：Working Cell Bank 工作细胞库

WHO：World Health Organization 世界卫生组织

名词术语总表

A

ADUFA: Animal Drug User Fee Act,《兽药使用者付费法案》

AGDUFA: Animal Generic Drug User Fee Act,《动物仿制药使用者付费法案》

AMQP: Animal Model Qualification Program, 动物模型认证项目

ANDA: Abbreviated New Drug Application, 仿制药申请

APEC: Asia-Pacific Economic Cooperation, 亚太经合组织

API: Active Pharmaceutical Ingredient, 药用活性成分, 原料药

B

BARDA: the Biomedical Advanced Research and Development Authority,
生物医学高级研究和发展管理局

BE Test: Biological Equivalence Test, 生物等效性试验

BIMO: Bioresearch Monitoring, 生物研究监测

BLA: Biologics License Applications, 生物制品上市许可申请

BPCA: Best Pharmaceuticals for Children Act,《最佳儿童药品法案》

BPD: Biosimilar Biological Product Development, 生物类似物产品开发

BsUFA: Biosimilar User Fee Act,《生物类似物使用者付费法案》

C

CBER: Center for Biologics Evaluation and Research,
生物制品审评与研究中心

CDC: Centers for Disease Control and Prevention, 疾病控制与预防中心

CDER: Center for Drug Evaluation and Research, 药品审评与研究中心

CDRH: Center for Devices and Radiological Health, 器械与放射卫生中心

CDTL: Cross Discipline Team Leader, 跨学科审查组长

CEO: Chief Executive Officer, 首席执行官

CFDA: China Food and Drug Administration, 国家食品药品监督管理总局

CFR: Code of Federal Regulation,《美国联邦法规汇编》

CFSAN: Center for Food Safety and Applied Nutrition,
食品安全和应用营养中心

COTR: Contracting Officer's Technical Representative,
合同缔约人员技术代表

CPI: Consumer Price Index, 消费价格指数

CPMS : Chief Project Management Staff, 首席项目管理人员

CR: Complete Response Letter, 完整回复函

CTECS: Counter-Terrorism and Emergency Coordination Staff,
反恐和紧急协调人员

CVM: Center for Veterinary Medicine, 兽药中心

D

DACCM: Division of Advisory Committee and Consultant Management,
咨询委员会和顾问管理部门

DARRTS: Document Archiving, Reporting and Regulatory Tracking System,
文件归档、报告和管理跟踪系统

DCCE: Division of Clinical Compliance Evaluation, 临床依从性评价部

DD: Division Director, 部门主任

DDI: Division of Drug Information, 药品信息部门

DECRS: the Drug Establishment Current Registration Site,
当前药品登记地点

DEPS: Division of Enforcement and Post-marketing Safety,

药品上市后安全与执行部门

DHC: Division of Health Communications, 卫生通讯部门

DMF : Drug Master File, 药品主文件

DMPQ: Division of Manufacturing and Product Quality, 生产及产品质量部

DNP: Division of Neurological Products, 神经类产品部门

DNPDHF: Division of Non-Prescription Drugs and Health Fraud,

非处方药及反卫生欺诈部门

DOC: Division of Online Communications, 在线通讯事业部

DoD: the Department of Defense, 美国国防部

DPD: Division of Prescription Drugs, 处方药部门

DRISK: Division of Risk Management, 风险管理部门

DSB: Drug Safety Oversight Board, 药品安全监督委员会

DSS: Drug Shortage Staff, 药品短缺工作人员

DTL: Discipline Team Leader, 专业组组长

DVA: Department of Veterans Affairs, 退伍军人事务部

E

eCTD: Electronic Common Technical Document, 电子通用技术文件

EDR: Electronic Document Room, 电子文档室

eDRLS: electronic Drug Registration and Listing,

药品电子注册和上市系统

EMA: European Medicines Agency , 欧洲药品管理局

EON IMS: Emergency Operations Network Incident Management System,

紧急行动网络事件管理系统

EOP I Meeting: End-of-Phase I Meeting, I 期临床试验结束后会议

EOP II Meeting: End-of-Phase II Meeting, II 期临床试验结束后会议

EUA: Emergency Use Authorization, 紧急使用授权

F

FDA: Food and Drug Administration, 美国食品药品监督管理局

FDAA: Food and Drug Administration Act,《食品药品管理法案》

FDAAA: Food and Drug Administration Amendments,

《食品药品管理法修正案》

FDAMA : Food and Drug Administration Modernization Act,

《食品药品管理现代化法案》

FDASIA: Food and Drug Administration Safety and Innovation Act,

《FDA 安全及创新法案》

FD&C Act: Federal Food, Drug and Cosmetic Act,

《联邦食品药品和化妆品法案》

FDF: Finished Dosage Form, 最终剂型

FSA : Federal Security Agency, 美国联邦安全署

FSMA: Food Safety Modernization Act,《食品安全现代化法案》

FTE: Full-Time Employee/Full-Time Equivalence, 全职雇员

FY: Fiscal Year, 财政年度，会计年度

G

GCP: Good Clinical Practice, 药物临床试验质量管理规范

GDUFA: Generic Drug User Fee Act,《仿制药使用者付费法案》

GLP: Good Laboratory Practice, 药物非临床研究质量管理规范

GMP: Good Manufacturing Practice, 药品生产质量管理规范

GO：Office of Global Regulatory Operations and Policy,

全球监管运营及政策司

GRP：Good Review Practice, 药品审评质量管理规范

GSP：Good Supply Practice, 药品经营质量管理规范

H

HEW ：Department of Health, Education, and Welfare,

美国卫生、教育和福利部，HHS 前身

HHS：Department of Health & Human Services, 美国卫生及公共服务部

HPUS：Homoeopathic Pharmacopoeia of the United States,

美国顺势疗法药典

HSP：Human Subject Protection, 人体受试者保护

HUDP：the Humanitarian Use Device Program, 人道主义器械使用计划

I

IHGT：Institute of Human Gene Therapy, 人类基因治疗研究所

IND：Investigational New Drug, 新药临床研究，试验性新药

IRB：Institutional Review Boards, 伦理审查委员会

IRs：Information Requests, 信息请求

M

MAPPs：Manual of Policies and Procedures, 政策及程序指南

MCM：Medical countermeasures, 医疗措施

MDUFMA：Medical Device User Fee and Modernization Act,

《医疗器械使用者付费和现代化法案》

N

NCE: New Chemical Entity, 新化学实体

NCTR: National Center for Toxicological Research, 国家毒理研究中心

NDA: New Drug Application, 新药上市申请

NDC: the National Drug Code, 美国国家药品代码

NF: National Formulary, 美国国家处方集

NIH: National Institutes of Health, 美国国立卫生研究院

NIMS: the National Incident Management System,
美国国家突发事件管理系统

NME: New Molecular Entity, 新分子实体

NLEA: Nutrition Labeling And Education Act,《营养标识和教育法案》

O

OC: Office of Compliance, 合规办公室

OCC: Office of the Chief Counsel, 首席顾问办公室

OCC: Office of Counselor to the Commissioner, 局长顾问办公室

OCET: Office of Counterterrorism and Emerging Threats,
反恐怖和新威胁办公室

OCM: Office of Crisis Management, 危机管理办公室

OCOMM: Office of Communication, 通讯办公室

OCP: Office of Combination Products, 组合产品办公室

OCS: Office of the Chief Scientist, 首席科学家办公室

OD: Office Director, 办公室主任

ODSIR: Office of Drug Security, Integrity, and Response,
药品安全、完整和响应办公室

OEA: Office of External Affairs, 对外事务办公室

OES: Office of Executive Secretariat, 行政秘书处办公室

OFBA: Office of Finance, Budget and Acquisitions,

财政、预算和采购办公室

OFEMSS: Office of Facilities, Engineering and Mission Support Services,

设备、工程和任务支持服务办公室

OFVM: Office of Food and Veterinary Medicine, 食品及兽药监管司

OGCP: Office of Good Clinical Practice, GCP 办公室

OGD: Office of Generic Drug, 仿制药办公室

OHR: Office of Human Resources, 人力资源办公室

OIP: Office of International Programs, 国际项目办公室

OMB: Office of Management and Budget, 美国行政管理与预算局

OMH: Office of Minority Health, 少数族裔卫生办公室

OMPQ: Office of Manufacturing and Product Quality,

生产及产品质量办公室

OMPT: Office of Medical Products and Tobacco, 医疗产品及烟草监管司

OMQ: Office of Manufacturing Quality, 生产质量办公室

OO: Office of Operation, 运营司

OOPD: Office of Orphan Products Development, 孤儿药开发办公室

OPDP: Office of Prescription Drug Promotion, 处方药推广办公室

OPPLA: Office of Policy, Planning, Legislation and Analysis,

政策、规划、立法及分析司

OPRO: Office of Program and Regulatory Operations,

计划和监管运营办公室

OPT: Office of Pediatric Therapeutics, 儿科治疗学办公室

ORA：Office of Regulatory Affair，监管事务办公室

ORSI：Office of Regulatory Science and Innovation，
监管科学和创新办公室

OSE：Office of Surveillance and Epidemiology，
药品监测及流行病学办公室

OSI：Office of Scientific Investigations，科学调查办公室

OSPD：Office of Scientific Professional Development，
科学专业发展办公室

OSSI：Office of Security and Strategic Information，
安全和战略情报办公室

OUDLC：Office of Unapproved Drugs and Labeling Compliance，
未批准药品和标签合规办公室

OWH：Office of Women's Health，妇女健康办公室

P

PASE：Professional Affairs and Stakeholder Engagement，
专业事务和利益相关者参与

PASs：Prior Approval Supplements，事先批准补充申请

PC&B：Personal Compensation and Benefits，个人薪酬及福利

PDP：Product Development Protocol，产品开发方案

PDUFA：Prescription Drug User Fee Act，《处方药使用者付费法案》

PMA：Premarket Approval Application，上市前批准申请

PMDA：Pharmaceuticals and Medical Devices Agency，
日本药品及医疗器械综合机构

PMR：Premarket Report，上市前报告

PR: Priority Review, 优先审评

PR: Primary Reviewer, 主审评员

PRA: the Paperwork Reduction Act, 文书削减法案

PREA: Pediatric Research Equity Act,《儿科研究公平法案》

R

REMS: Risk Evaluation and Mitigation Strategies, 风险评估及缓解策略

RLD: Reference Listed Drug, 参比制剂

RPM: Regulatory Project Manager, 法规项目经理

S

SEC: The Securities and Exchange Commission, 美国证券交易委员会

SPA: Special Protocol Assessments, 特殊方案评估

SR: Standard Review, 标准审评

T

TL: Team Leader, 审评组长

U

USP: U.S. Pharmacopeia,《美国药典》

V

VP: Vice President, 副总裁

W

WTO: World Trade Organization, 世界贸易组织